KAILAS

Ursula Demeter

KAILAS

Die Reise zum Heiligen Berg

Mit einem Beitrag über
Geschichte und Leidensweg
des tibetischen Volkes von
Gyaltsen Gyaltag

Oesch Verlag

Von Lhasa nach Urumchi: die 3674 Kilometer lange Reiseroute

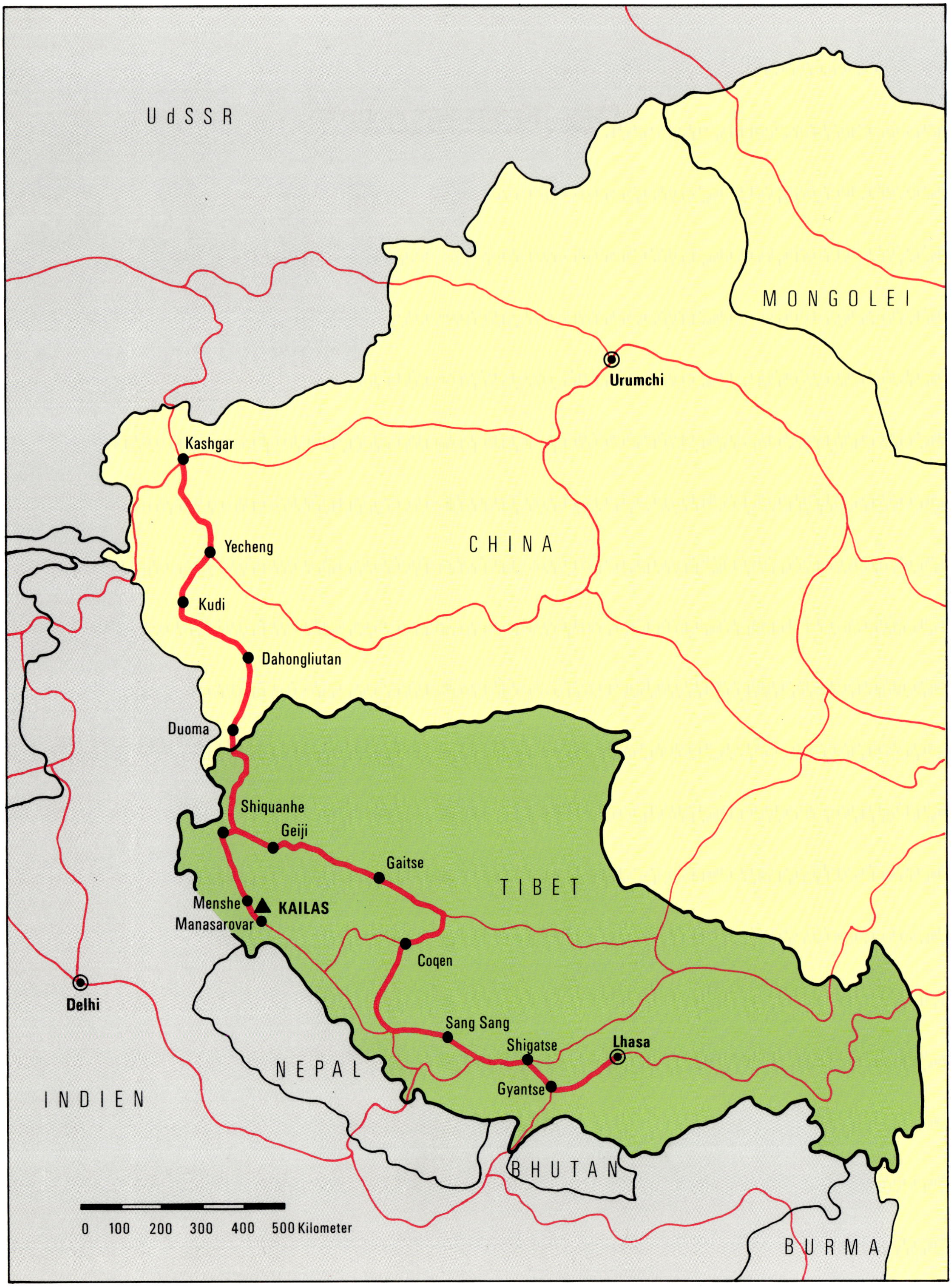

Inhaltsverzeichnis

Dank

Für ihre Hilfe beim Zustandekommen der Reise danken wir vor allem der *Emil Frey AG* Zürich, insbesondere Herrn *Walter Frey* und Herrn *Hans Reif*, der für uns in China die Verhandlungen geführt hat, sowie der Firma *Toyota*, Tokyo, für das großzügige Geschenk von zwei Landcruisern.

Außerdem bedanken wir uns sehr herzlich bei folgenden Firmen für ihre Unterstützung:

Adidas, Herzogenaurach
Also-Enervit, Milano
Barnewitz, Friolzheim
Celesta, Frankfurt
Ferrino, Torino
Fila, Biella
Georges, Wiesau
Hardmeyer & Stahel, Zürich
Kastinger, Seewalchen
Mäser, Dornbirn
Millet, Annecy
Nippin, Tokyo
Pick Pay, Glattbrugg
Puma, Zürich
Salewa, München
Sport Scheck, München
Swissair, Zürich
ZüriWoche, Glattbrugg

Herausgeber: Dr. Beat Curti,
Verlagsgesellschaft Beobachter AG,
Glattbrugg-Zürich

Gestaltung: Heinz von Arx, Zürich
Satz: Schumacher-Gebler, München
Lithographie: Schwitter AG, Basel
Druck: B&K Offsetdruck GmbH, Ottersweier
Einband: Buchbinderei Spinner, Ottersweier

Auslieferung für den Buchhandel:
Oesch Verlag AG, Zürich
ISBN 3 85833 360 3

Vorwort

Auf dem Dach der Welt gibt es einen Berg, der ist heiliger als alle anderen heiligen Berge zusammen. Die wenigen abendländischen Reisenden und Missionare, denen es in den letzten Jahrhunderten gelungen war, nach Tibet zu gelangen, haben die wunderlichsten Dinge über ihn gehört und weitererzählt, und seitdem haben immer wieder Forscher und Abenteurer versucht, zu ihm vorzudringen. Als tibetische Pilger verkleidet, mit rußgeschwärzten Gesichtern, unter unendlichen Strapazen und meist vergebens.

Wen könnte es mehr danach verlangen, sich diesem Berg zu nähern, als einen notorischen Tabubrecher?

Als Reinhold Messner 1980 als erster Mensch im Alleingang den Mount Everest von seiner in Tibet liegenden Nordseite bestiegen hatte, fragten ihn die Funktionäre der *Chinese Mountaineering Association* (CMA) in Peking, ober er noch Wünsche für weitere Bergabenteuer habe. Messner wünschte sich eine Expedition zum Kailas, jenem heiligen und mythenbeladenen Berg, der im Westen Tibets steht. Entsetzt winkten die Chinesen ab. Zwar hatten sie in Tibet während der Kulturrevolution 1966 und in den Jahren danach so ziemlich alles zerschlagen, was den Buddhisten heilig war, aber 1980 gab es politisch einen anderen Kurs.

Die Viererbande der Witwe Maos war verurteilt, und Deng Xiaoping machte sich daran, die widerspenstigen Minderheiten in seinen autonomen Provinzen friedlich zu stimmen. So blieb der Kailas, der heiligste Berg der Tibeter, unerreichbar, auch wenn seit 1979 die ersten Touristen ins Land durften. Es waren wenige, sie mußten horrende Summen bezahlen und kamen dennoch über die tibetische Hauptstadt Lhasa nicht hinaus.

Doch Reinhold Messner wäre nicht der erfolgreichste aller Bergsteiger, hätte er aufgegeben. Als er hörte, daß sein Freund, der Zürcher Herzspezialist Professor Franz Rhomberg, einem hohen chinesischen Funktionär auf die Beine geholfen hatte, bat er ihn, die Kailas-Angelegenheit in die Hände zu nehmen.

Es entspannen sich über Mittelsmänner Verhandlungen mit ungeahnten Folgen. Konvolute von Vertragsentwürfen und Vereinbarungen wurden ausgearbeitet. Chinesischer Vertragspartner war wieder die CMA, die als »recht erfolgreiche Institution zur höchstmöglichen Ausbeutung nichtchinesischer Bergsteiger« – so eines ihrer Opfer – unter westlichen Kletterern berüchtigt ist. Schließlich kam es im November 1984 zu einer Vereinbarung, deren Protokoll sich so las (Auszug):

»Genehmigt ist eine 45-Tage-Reise, Beginn Beijing, Ende Beijing, in der Zeit vom 3. August bis 14. September 1985.

Ankunft in Beijing am 3. August mit SR 196, Unterbringung im Jianguo-Hotel für etwa 4 Tage. Besichtigung der Sehenswürdigkeiten von Beijing, Verbotene Stadt, Chinesische Mauer in Badaling, Ming-Klöster, Himmelstempel, Lama-Tempel, Sommerpalast und gegenseitiges Kennenlernen.

Ab 4. oder 5. Tag:
Abflug mit CAAC nach Xi'an, der ehemaligen Hauptstadt Chinas. Besichtigung der Ausgrabungen in der Nähe (6000 Ton-Soldaten).

Weiterflug nach Chengdu, Hauptstadt der Provinz Sichuan. Eine Übernachtung.

Am nächsten Tag Weiterflug nach Lhasa. In Lhasa werden die Fahrzeuge übernommen. Etwa 6 Tage Aufenthalt in Lhasa zur Vorbereitung der Fahrt. Besichtigung der buddhistischen Klöster, Gespräche mit den tibetischen Landesführern sowie den höchsten Vertretern der traditionellen tibetischen Medizin.

Fahrt über Saga zu den Manasarovar-Seen. Umwanderung bzw. Umfahrung beider Seen und Besichtigung sämtlicher tibetischer Klöster dieser ›heiligen Gegend‹.

Weiterfahrt über Rutong in die Provinz Sinkiang. Fahrt durch die Tarim-Tiefebene nach Turpan (zweittiefster Punkt der Erde). Weiterfahrt nach Urumchi.

Ab Urumchi Rückflug nach Beijing und anschließend Rückreise nach Zürich, entweder direkt oder über Hongkong.«

Neben der Reiseroute hält das Protokoll dann fest:
»Es ist das erste Mal, daß die chinesische Regierung den Zugang zu den Manasarovar-Seen und in das militärische Sperrgebiet am Karakorum gestattet (strategische sino-pakistanische Militärstraße von China nach Gilgit in Pakistan).

Trotz des offensichtlichen Wunsches, soviel Entgegenkommen wie möglich zu zeigen, ist die CMA nicht in der Lage, die Besteigung des Heiligen Berges Kailas zum jetzigen Zeitpunkt zu genehmigen.«

Dies wird so begründet:
»Seit über drei Jahren bemüht sich der starke Mann und Führer Chinas, Deng Xiaoping, um die Rückkehr des Dalai Lama aus Indien. Aus diesem Grunde wurden in Tibet große Investitionen getätigt und

sämtliche nach China abgeführten Heiligtümer nach Tibet zurückgebracht. Fast alle während der Eroberung Tibets und der Kulturrevolution zerstörten Lama-Klöster wurden inzwischen von der chinesischen Regierung wieder aufgebaut und den geistlichen Führern zurückerstattet. Die Verhandlungen mit dem Dalai Lama laufen sehr befriedigend, und es wird damit gerechnet, daß er gegen Ende 1985 nach China und/oder Tibet zurückkehrt. Vor der Rückkehr des Dalai Lama will man die Tibeter durch Freigabe der Besteigung des Kailas nicht vor den Kopf stoßen. CMA glaubt, daß diese Besteigung frühestens 1987 möglich sein wird, und garantiert, daß Herr Messner und Professor Rhomberg die erste Genehmigung erhalten werden.«

Und weil so eine Reise beispiellos war, kommt es zu präzisen Abmachungen über Kosten, Ausrüstung und Verpflichtungen beider Vertragspartner.

Auszüge:

»Die Schweizer Seite stellt zur Verfügung: Zwei Allradfahrzeuge, entweder Toyota-Landcruiser oder Land Rover, beide mit vorderer Seilwinde und 50 m Stahlkabel sowie Gepäckträger und Ersatzteilen für die 4500 km lange Fahrt.

Die beiden Fahrzeuge gehen in Urumchi, das heißt am Endpunkt der Fahrt, in den Besitz der CMA über.

Unterkunft im Jianguo-Hotel in Beijing.

US-$ 10000 in bar bei Ankunft für die CMA.

Spezielle Winterkleidung für die europäischen Teilnehmer und Spezialzelte (wenn gewünscht).

Die Teilnehmer sind berechtigt, auf Wunsch Spezialrationen einzuführen.«

Expeditionsteilnehmer (von links): Reinhold Messner, Ursula Demeter, Franz Rhomberg, Beat Curti, Christian Hardmeyer

Die chinesische Seite übernimmt:
»Ablade- und Zollgebühren der beiden Fahrzeuge ab Hafen Tienjin.

Sämtliche Unterkunfts-, Verpflegungs- und Flugkosten während der etwa 45tägigen Reise, beginnend in Xi'an, endend in Urumchi.
Fahrzeuge und Führer in Beijing für Besichtigungen.

Genehmigung der Besichtigung aller Klöster in Lhasa und Umgebung und aller bisher unzugänglichen Klöster im Manasarovar-Gebiet.
2 Fahrer, 1 Begleitoffizier, 1 Dolmetscher, 1 Koch.«

Genehmigt ist des weiteren:
»Mitführen einer 8-mm-Kamera und Aufnahmen ohne jegliche Restriktionen (mit wenigen Ausnahmen im militärischen Sperrgebiet im Karakorum).

Mitführen von einzelnen Kameras mit gesamter Ausrüstung. Freie Verfügung über die Foto- und Filmaufnahmen.«

Das Protokoll schließt mit der Feststellung, daß die Verhandlungen »in äußerst freundschaftlicher Atmosphäre erfolgten und man bestrebt war, allen Wünschen wenn irgend möglich nachzukommen«.

Weil der Berg nicht bestiegen werden durfte, wurde die Reise in die Horizontale ausgedehnt. Von Lhasa zum Kailas und von dort weiter nach Kashgar in Sinkiang und durch die Wüste Taklamakan bis Urumchi – eine Traversierung, wie sie seit 1907 von Westlern nicht mehr unternommen worden ist. Damals war Sven Hedin dagewesen.

Als Reisetermin wurde schließlich Mitte Juli 1985 festgelegt. Mit von der Partie waren fünf Teilnehmer:

Reinhold Messner, 41, der damals von den 14 Achttausendern der Erde schon 12 bestiegen hatte, vier davon zweimal. In Tibet war er bereits 1980 (Everest) und 1981 (Shisha Pangma). Nach dem Verbot der Chinesen wollte er den Kailas wenigstens umwandern, um seinem Mythos an Ort und Stelle nachzugehen.

Professor Dr. *Franz Rhomberg*, 57, genannt Schurle, Internist und Dozent an der Universität Zürich, Arzt der Königsfamilie von Bhutan. Seine sportliche Kondition hatte er 1984 als Expeditionsarzt am Dhaulagiri bewiesen. Er war Organisator der Reise.

Dr. *Beat Curti*, 47, Zürcher Unternehmer und Verleger, Freund von Prof. Rhomberg und von diesem auf die Reise eingeladen. Er wollte in Tibet die mystische Gegenwelt zu seinem Schweizer Alltag finden.

Christian Hardmeyer, 49, genannt Chrigl, Unternehmer und Baumwollimporteur, Weltenbummler, Hobbyfotograf und fanatischer Skiläufer. Zur Reisegruppe stieß er nach einem Zürcher Herrenabend, wo er durch Rhomberg von der Expedition hörte und sich spontan entschloß, mitzufahren.

Ursula Demeter, ich also, die Autorin dieses Tagebuchs, 44, Journalistin aus München, bis 1977 mit Messner verheiratet. Flüchtige Bekanntschaft mit Tibet auf einer Reise 1981. Starke Kindheitserinnerung: Der Großvater hatte ab und zu aus Sven Hedins »*Transhimalaja*« vorgelesen.

Das gemeinsame Ziel war der Kailas.

Eisverkrustet und weithin sichtbar erhebt er sich mit 6714 Metern Höhe als schimmernde Pyramide im westlichen Himalaja. Seit Jahrhunderten ist dieser Berg Pilgerziel dreier Religionen: des vorbuddhistischen Bön-Glaubens, des Hinduismus und des Buddhismus. Denn »wer ihn sieht, dessen Sünden werden ausgelöscht wie der Tau von der Morgensonne« (aus der »Skanda Purana«), und wer ihn umwandert, erspart sich eine oder mehrere Wiedergeburten, je nachdem, wie viele Runden dem gläubigen Pilger gelingen.

Für Hinduisten ist der Kailas nicht nur der Wohnsitz von Gott Shiva, dem Weltzerstörer, und seiner Gemahlin Durga, sondern gleichzeitig des Gottes steingewordene Manifestation, der Lingam – das Phallussymbol.

Die Tibeter nennen den Berg Kang Rinpoche, das Eisjuwel. Sie sehen in ihm ihren mythologischen Berg Meru wieder, den vierkantigen Juwelenberg, der sich aus dem Urozean erhebt, die Achse der Welt. Als Symbol kosmischer Harmonie verbindet er die irdischen mit den himmlischen Welten. Als Tisé wurde er in der tibetischen Legende berühmt durch den Heiligen und Dichter Milarepa, der von 1040 bis 1130 gelebt hat. Milarepa hat den Berg im Tale sitzend allein mit seinen meditativen Kräften bestiegen, ein spiritueller Erstbesteiger sozusagen.

In Quellen des vorbuddhistischen Bön-Glaubens wird erwähnt, daß am »neunstöckigen Svastikaberg« vier Ströme entspringen, die wir bei tibetischen Tisé-Beschreibungen als Elefanten-, Löwen-, Pferde- und Pfauenfluß wiederfinden, so genannt nach den bizarren Felsformen an ihren Quellen.

In der Tat handelt es sich um vier der wichtigsten Flüsse Asiens: um Ganges, Indus, Sutlej und Brahmaputra, der in Tibet Tsangpo heißt. Kein Wunder also, daß der Kailas zum Nabel der Welt wurde und für viele zum begehrten Reiseziel. Doch Tibet ist gut abgeschirmt. Einmal durch seine geographische Lage, im Süden durch den Himalaja, im Westen durch die Bergketten Kashmirs, im Norden durch das Kun-Lun-Gebirge, hinter dem sich die schreckliche Wüste Taklamakan ausbreitet, und im Osten durch die tibetischen Randketten. Zum anderen war die Politik der tibetischen Gottkönige von jeher denkbar ausländerfeindlich.

Einer der wenigen, denen es als Forscher gelang, in das Innere Tibets vorzudringen, war Sven Hedin. 1906 und 1907 unternahm er – meist illegal – ausgedehnte Reisen durch Zentral- und Westtibet. Dreimal hat er versucht, nach Lhasa vorzudringen, es ist ihm nie gelungen. Aber Hedin hat den Transhimalaja entdeckt, minuziös kartographiert und sich zum heiligen Kailas durchgeschlagen. Er hat nicht nur ihn umrundet, sondern auch die heiligen Seen Manasarovar und Rakastal, die in der Kailas-Mythologie eine Rolle spielen, die der des sagenhaften Berges nicht nachsteht.

Manasarovar, der »See des Lichts«, von den Tibetern Tso Mavang genannt, und Rakastal, der Langak Tso, der »See der Dunkelheit« und des Bösen, sind Hinduisten wie Buddhisten Gleichnisse für Sonne und Mond, für Mann und Frau. Hedin wollte vor allem herausfinden, ob es zwischen den beiden Seen wirklich eine hydrographische Verbindung gibt, einen Zufluß, denn in den Mythen heißt es: »Rakastal ist der Bräutigam, der alle 15 Jahre seine Braut besucht, den Manasarovar.«

So machten sich fünf ungläubige Christen auf den Weg zum größten Phallus der Erde, für mich als Frau nicht ohne Witz.

In der Nacht vor der Abreise hatte es noch eine Auseinandersetzung gegeben. Wir diskutierten die Frage, ob man den Kailas besteigen darf oder nicht.

Reinhold Messner postulierte für sich, jeder Mensch dürfe alles, Tabus gälten nur für die, die sie sich machten. Wenn es niemand sähe, dürfe er den Berg besteigen, denn dann wäre niemand verletzt. Beat Curti und ich verteidigten die Unantastbarkeit von Symbolen, die willentliche Entscheidung, die Welten anderer als das zu respektieren, was sie für sie bedeuten. Wir wußten alle, mit welcher Demut Tibeter und Inder den Kailas umwanderten, ja zum Teil auf dem Boden umkrochen. »Steingewordenen Göttern trampelt man nicht mit Bergschuhen auf dem Kopf herum«, sagte Beat. Schurle und Chrigl enthielten sich der Stimme. Am Morgen fuhren wir los.

Heiliger Berg und Phallussymbol: der Kailas von Osten

Auf den Spuren Sven Hedins: Landcruiser statt Yakkarawanen

13. Juli 1985, Peking

Die Stadt ist heiß, schwül und staubig. Auf den Straßen flirrt das Licht. Peking wird Bukarest immer ähnlicher. Viel zu breite Straßen, die nur so tun, als führten sie wohin; Ostblockfassaden signalisieren Fortschritt. Dahinter ducken sich verschüchtert die Reste der schönen Altstadt, bis auch sie abgerissen werden. Die Volkserziehungsplakate von 1981, auf denen mit drastischen Bildern gezeigt wurde, wie man sich die Zähne putzen muß und daß eine Familie mit einem Kind schön und glatt, eine mit vier hingegen schäbig und verhutzelt ihr Leben fristet, sind verschwunden. An ihrer Stelle wird für Coca-Cola, Sanyo und Marlboro geworben. Die »blauen Ameisen« haben die von Mao verordnete strenge Einheitskleidung abgelegt. Die Leute tragen Nylonblusen, Nylonhemden, Nylonkleider, und aus ihren Kofferradios quaken in chinesischer Sprache amerikanische Schlager der fünfziger Jahre.

Es ist Melonenzeit. Die ganze Stadt ist voll davon, an den Straßenecken zu grünen Pyramiden gestapelt, auf dem Asphalt zu rosa Brei zerquetscht, polierte Einzelstücke auf den Gepäckträgern der Radfahrer. Für ihre Kinder haben die Radfahrer kleine Kabinen mit Fensterchen gebastelt, Beiwagen mit einer Art Miniveranda hintendran, in der die Einkäufe ruhen. So sieht man oft gemeinsam unterwegs: einen Mann, ein Kind, ein Huhn und eine Melone.

14. Juli, Peking

Keine Menschenschlangen mehr am Tian-An-Men-Platz vor Maos Sarkophag. Alles verlustiert sich in der Verbotenen Stadt. Sonntags trägt der elegante Chinese Socken aus Nylonflor, mit Pailletten bestickt. Scharen von Bauern, Rudel von Volksarmeesoldaten. An den Häusern der kaiserlichen Konkubinen sind die Fensterscheiben blind vom Talg der plattgedrückten Besuchernasen. Großes Starren und Glotzen. Niemanden kann ich fragen, was er denkt. Ich denke an die Märchen von Hans Christian Andersen. »Kleines Küchenmädchen«, sagte der Kavalier, »ich werde ihr eine feste Anstellung in der Küche verschaffen und die Erlaubnis, den Kaiser essen zu sehen, wenn sie uns zur Nachtigall führen kann.«

Im kaiserlichen Lustgarten sitzt eine weiße Touristenfrau, das Gesicht bis zur Erbarmungslosigkeit geliftet, der Körper hundert Jahre alt. Das Gesicht wartet auf das Leben, der Körper auf den Tod.

Abends essen wir Peking-Ente. Das Restaurant ist eine Art Amtsgericht für Entenesser. Zimmer 7, bitte eintreten. Ein Büro-Eßtisch, Eßbeamte. Wir sind nämlich von den Herren der CMA, der *Chinese Mountaineering Association*, zu Tisch gebeten worden. Wir lernen unsere Reisegefährten kennen: Cheng, den Dolmetscher, und Yang, den Begleitoffizier. Sie sollen uns beistehen, vor allem aber aufpassen, daß wir keine Dummheiten machen. Außer den beiden werden uns noch zwei Chauffeure begleiten. Die bekommen wir aber ebensowenig zu Gesicht wie die uns von Toyota geschenkten Landcruiser. Niemand weiß, wohin sie nach der Landung in China entschwunden sind. Die Ente ist köstlich. Was soll ich mir da über die Organisation den Kopf zerbrechen, wo doch vier männliche Prachtexemplare mit mir unterwegs sind?

15. Juli, Peking

Beat und ich spazieren durch die Altstadt beim Ritan-Tempel. Es regnet, und wir haben im Friendship-Store einen Schirm mit Lotusblüten gekauft. Cheng, der Dolmetscher, folgt uns verlegen und schwatzt eingelerntes Zeug über das rückständige China, bis wir ihn fortschicken. Graue Backsteinhäuschen mit geschwungenen Dächern aus glasierten Ziegeln, alles puppenklein. In den viereckigen Innenhöfen Bonsaibäume, Begonien, Bambusvogelkäfige mit Näpfen aus bemaltem Porzellan, aus der Erde schauen eingegrabene Enteneier. Wir gehen in jeden Hof. Die Leute sind sehr freundlich. Eine alte Frau mit verkrüppelten Füßen aus der Zeit, da man kleinen Mädchen so lange Bandagen anlegte, bis aus den Füßen Trippel-Bonsais geworden waren, für den gewissen zierlichen Gang. Ein Hof mit einem Ozean von runden Goldfischbecken und darin das wunderlichste Getier: mit Glotzaugen so groß wie Schwimmblasen, mit Schleierschwänzen, mit Himbeerkörpern, gelb wie Safran, weiß wie Jasmin, rot wie Purpur, mit samtener Haut von der Farbe dunkler Auberginen. Der alte Mann, der sie uns zeigt, liebt seine Fischkinder. Zwei alte Schwestern – überall trafen wir alte Leute, denn die jungen waren bei der Arbeit – kochen mit gepreßten Kohlen, die aussehen wie schwarze Drops, auf einem Eisenofen vor dem Haus allerlei Speisen. Sie laden uns ein, mit ihnen zu essen.

Die Häuschen sind unvorstellbar klein und eng, die Winter eisig kalt, die sanitären Anlagen aus dem Mittelalter. Trotzdem löst die Vorstellung Alpträume aus, daß dieser kleine Kosmos abgerissen

wird und seine Bewohner umquartiert werden in Betonblocks mit Heizung und Wasserklosetts. In »China daily« fragt sich ein Redakteur, warum so viele Leute in den Blocks aus dem Fenster springen.

Abends gehen wir ins Kino. Die Volkserziehung haben jetzt Zeichentrickfilme übernommen. Ein Analphabetenkind rettet einem unfähigen Bourgeois das Leben. Dann werden Japaner geschlachtet.

15. Juli, Peking

Seit Stunden hängen wir auf dem Flugplatz herum. Der Flieger nach Chengdu hat drei Stunden Verspätung. Nachdem wir unsere 25 Gepäckstücke eingecheckt haben – man könnte meinen, die Königin von Saba sei auf dem Weg nach Tibet –, faulenzen wir lang ausgestreckt auf den Lederbänken der Abflughalle. Gedämpfte Stimmen, leises Schlurfen von Sandalen. Draußen verzischt ein leichter Regen auf dem heißen Asphalt. Ich ziehe mir die Kopfhörer des Walkman über und lasse mir Rod Stewarts »Body Wishes« durch den Körper rinnen.

Schnarchen und Schwitzen. Ganze Familien machen sich's im Unterhemd gemütlich. Chrigl, alias Christian Hardmeyer, hat exzellentes Kirschwasser dabei.

Reisen bildet. Noch erfahre ich nichts über China. Aber: Der Gotthard ist ausgehöhlt, und darin haben die Schweizer ihre Düsenjäger stehen und ein Hospital und eine Armee von Soldaten. An den Autobahnen kann man die Zäune auf den Mittelstreifen umklappen, dann sind es Startbahnen für Jets. Im unterirdischen Spital sterilisieren Ärzte alle Jahre das gesamte Instrumentarium. Das Kirschwasser wird jahrelang in amtlich plombierten Flaschen gelagert.

16. Juli, Chengdu

Chengdu ist die Hauptstadt von Sichuan. Direktflüge von Peking nach Lhasa gibt es nicht.

Schwüles, nasses Morgengrauen bei der Landung. Chengdu liegt voll im Monsun. In der hellblauen Empfangshalle Korbstühle, olivgrüne Schirmmützen mit dem roten Stern. An den Restauranttischen hängen Soldaten, fast alle sind Han-Chinesen, schmatzend über den Schüsseln mit ihrer Frühstücksnudelsuppe. Auf den Tischen Plastik-Bonsais in grellen Herbstfarben. Aus den Einkaufsnetzen der Soldaten quellen Knoblauchzwiebeln und Melonen.

16. Juli, Chengdu–Lhasa

Ein abgeschabter Jet, die Stewardessen tragen bestickte Rüschenschürzchen, die Gardinen haben Pandabärenmuster, die Klos sind total verpißt, bringt uns schließlich nach Lhasa. Der kleine Flugplatz liegt etwa 100 Kilometer von der Stadt entfernt, spannend für Beat, Schurle und Chrigl, die noch nie in Tibet gewesen sind. Durch den heftigen Monsunregen ist alles sehr frisch und grün. Der Fluß Tsangpo hat Hochwasser. Aus dem Wasser ragen immer wieder Bündel von Bambusstangen mit Gebetsfahnen. Die mit religiösen Formeln bedruckten Stoffetzchen sollen die gefährlichen Strudel beschwichtigen.

An den Straßen liegen kleine Dörfer im traditionellen tibetischen Baustil. Die Häuser weißgekalkte Würfel aus Lehmziegeln, Fenster und Türen aus dunklem Holz, oft mit ochsenblutroter, blauer, gelber und schwarzer Farbe umrahmt, die für Feuer, Wasser, Luft und Erde stehen. Auf den flachen Dächern Reisig für den Winter und an den Ecken Zweige mit Gebetsfahnen.

16. Juli, Lhasa

Die Stadt könnte kaputter nicht sein. Eine einzige Baustelle des Fortschritts. Im Morast stehen halbfertige Hotelpaläste, und unwillkürlich frage ich mich, was die vielen Touristen, die da erwartet werden, denn anschauen sollen.

Das alte Lhasa aus Heinrich Harrers Buch »Sieben Jahre in Tibet« gibt es nicht mehr. Nicht einmal mehr das zerschundene Lhasa, das wir vor vier Jahren besichtigen konnten. Der Eisenberg, der einmal die berühmteste aller Medizinschulen auf seiner Kuppe stehen hatte, wird jetzt von einem eiffelturmähnlichen Sendemast geziert. Ja, gegenüber steht auf dem zweiten Berg immer noch der Potala, die Residenz der Dalai Lamas, der tibetischen Gottkönige, einer der exotischsten Paläste der Welt. Seit Jahren wird »der rettende Hafen« – so übersetzt sich Potala – renoviert, er ist wieder von Mönchen bevölkert, und er birgt noch unendliche Schätze. Aber irgendwie kommt es mir so vor, als stünde Versailles in einer deutschen Trabantensiedlung des Gewerkschaftskonzerns Neue Heimat.

Auch der Jokhang-Tempel, das Herz der Altstadt, wurde mit großer Sorgfalt hergerichtet. Dort geht es zu wie in einem Bienenhaus. Unglücklicherweise wird die sogenannte Autonome Provinz Tibet im

Bauboom in Lhasa: der neue Platz vor dem Jokhang-Tempel

Potala-Palast in Lhasa: Warten auf den Gottkönig ▷

September 1985 gerade zwanzig Jahre alt. Ein Grund zu feiern, und leider auch ein Grund zu zeigen, wie prächtig sich Tibet unter der Schutzmacht von einigen hunderttausend chinesischen Soldaten entwickelt hat. Also wurde in die alten Häuserreihen vor dem Tempel eine Schneise geschlagen wie für die Champs-Elysées. Zwar hat man rechts und links davon Neubauten im traditionellen Stil errichtet. Dann aber wurde ein riesiger mehrstufiger Springbrunnen davorgesetzt, eine graue Geburtstagstorte aus Beton, und ein Wald von türkisgrün lackierten Straßenlaternen mit Blumenbalkons daran, im besten neochinesischen Stil.

Die Stadt Lhasa wurde einst durch zwei wichtige Ringstraßen unterteilt. Die äußere, Lingkor genannt, gibt es nicht mehr und auch nicht die saftigen Wäldchen, die sie säumten. Die sind im nachrevolutionären Bauboom versunken. Der innere Ring, der Barkor, führt um den Jokhang-Tempel und ist bis auf sein Entrée an den Champs-Elysées unversehrt. Er gehört bis heute zu den wildesten Straßen der Welt. Im Jokhang-Tempel sitzt der Große Jowo, eine der heiligsten und prächtigsten Buddhafiguren ganz Tibets. Die chinesische Prinzessin Wen-Ch'en hat ihn vor mehr als 1200 Jahren mitgebracht, als sie den König Songtsen Gampo heiratete. Und das Umwandern und Umkreisen heiliger Stätten spielt im Lamaismus eine große Rolle, weil sich der Pilger damit eine oder mehrere Wiedergeburten ersparen kann.

Die Tibeter sind nicht nur fromm, sondern gleichzeitig die leidenschaftlichsten Händler, die man sich vorstellen kann. Und weil sie meist von weit herkommen, verbinden sie das eine mit dem anderen. Der Barkor ist ihr Corso. Im Uhrzeigersinn bewegt sich da Tag und Nacht eine abenteuerliche Menschenschlange. Rotgewandete, kahlrasierte Mönche, Bauern aus der Provinz Amdo mit einer Art Stetsonhut, Khampas, die widerspenstigen Bewohner der Provinz Kham, mit Ringen und Strängen von roten Fäden in den aufgesteckten Zöpfen der Männer, Nomaden mit butterglänzenden Gesichtern und speckigen Fellmänteln, auf den Rücken schlafende Kinder. In den Händen schnarrende Gebetsmühlen, in den Gürteln stecken Messer, in den Ohren schimmern Türkise und Korallen, an den Hälsen Amulette gegen allerlei bösen Zauber. Mit silbernen Reisealtärchen auf der Brust und ein paar Yuan im Beutel ziehen sie vorbei an wohlriechenden Rauchaltären, auf denen Kräuter verbrannt werden, vorbei an Lamas, Mönchen, die des Schreibens Unkundigen Briefe aufsetzen, vorbei an fliegenden Händlern mit dem neuesten Cassetten-

Renovierte Goldpagode des Jokhang-Tempels

Chinesische Soldaten im Tempelhof

Betender Pilger: seit Tagen auf dem Bauch unterwegs

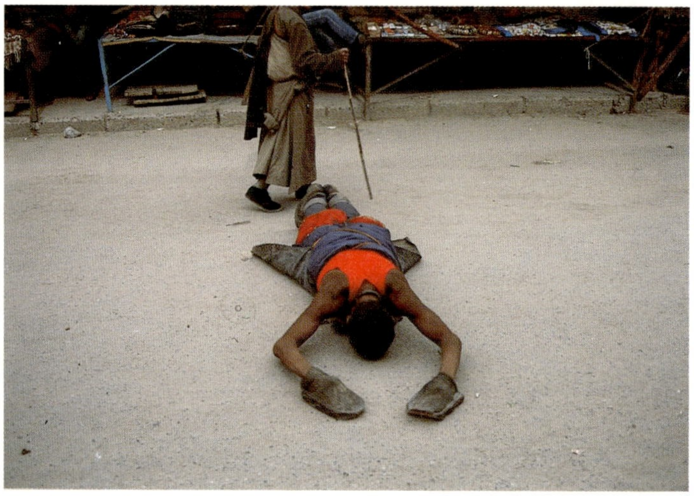

angebot aus Shanghai, entlang der Geldwechsler, Hausratsverkäufer, Stoffhändler, Gebetsfahnendrucker. Am Barkor gibt es alles. Am Barkor trifft sich alles und vereinigt sich in einer gewaltigen Woge von Gestank und Düften, von Gemurmel und Gelächter, von Staub und Klarheit. Und jeden Tag passiert etwas: Heute ist ein bonbonessender Affe die Attraktion.

Unseren Trip durch Tibet hat sich die CMA mit 12 000 Dollar bezahlen lassen. Zusätzlich bekommt sie am Ende der Reise die beiden Toyota-Landcruiser, von denen auch jeder 50 000 Franken wert ist. Alles, was wir bis jetzt als Gegenleistung erhalten haben, war der Flug nach Lhasa und die Begleitung von Cheng und Yang, die in Lhasa recht hilflos herumstehen im Gewitter der Messnerschen Wutausbrüche. Denn es klappt nichts. Niemand weiß, wo die Toyotas sind, noch immer nicht. Keiner hat was von den Chauffeuren gehört. Es sind keine Zimmer reserviert, und alle Hotels seien ausgebucht, heißt es in der CMA-Filiale von Lhasa. Es bedarf weiterer Zornesausbrüche, bis wir im »Lhasa-River-Hotel« einquartiert werden, in dem es leere Zimmer in Mengen gibt. Der Bau ist ein rosa und himmelblaues Meisterwerk der neochinesischen Architektur mit starkem Adenauer-Einschlag. Innen nüchternster Kasernenstil, aufgelockert durch goldgeränderte Frottéedeckchen auf den schmuddeligen Kopfkissen. Die Badewanne hat Jahresringe vom Dreck der letzten zwanzig Gäste, das Klo ist undicht, der Boden steht unter Wasser, dafür fehlen am Waschbecken die Hähne. Am meisten beeindruckt mich die Dusche: Nachdem ich einen männerhandgroßen Stromschalter nach unten gedrückt habe, wozu ich einige Kraft brauche, muß ich einen Schlauch oben in den Boiler und unten in den Kaltwasserhahn der

Grabkapelle im Potala ▷

Folgende Doppelseite: Barkor in Lhasa
Pilgerstraße, Handelsplatz und Corso der Tibeter ▷

Wanne stecken. Dann rinnt aus der Brause, die sich wie eine rostige Blüte aus einem Gewirr von Kabeln über den Kopf des geduldigen Gastes neigt, Wasser, mal kalt, mal heiß, vielleicht auch mal elektrisch. Das macht 240 Franken pro Nacht und Nase, und nur das ist daran beschissen, denn nicht von der CMA vermarktete Tramper zahlen nur fünf.

Aber die Bar des Hotels ist toll. An den Wänden stehen brav aufgereiht Sofas mit Schonbezügen. Vor jedem ein Spucknapf. Vorhänge aus geblümtem Nachthemdenstoff, drei Kronleuchter aus Chrom mit Schirmen aus Preßglas mit metallisierten Warzen. Von Leuchter zu Leuchter schwingen sich rhythmisch flackernde Glühlämpchengirlanden. Zwischen den Plastikchrysanthemen an der Theke lehnt das tibetische Barmädchen und strickt an einem Pullover. Dazu hört sie aus einem kistengroßen Cassettenrecorder chinesische Hörspielcassetten. Viel Wellenrauschen, viel Schluchzen. Dann kommt Elvis. Vor den Fenstern rauscht der Monsunregen.

Chrigl notiert in sein Tagebuch über unseren Medizinprofessor: »Schurle stellt fest, daß er in Peking einen wichtigen Koffer im Hotel vergessen hat. Wir versuchen stundenlang zu telefonieren, vergebens. Dann gehen wir aufs Postamt. Haben in unserer Naivität geglaubt, daß die hier ein Telex haben. Nach langem Hin und Her bringen sie uns eine alte Schreibmaschine. Schließlich schicken wir zwei Telegramme in englischer Sprache ab. Daß sie jemals ankommen, glauben wir allerdings nicht.«

Pilgerstaub und Opferrauch: Szenen aus dem Barkor

17. Juli, Lhasa

Ich bin höhenkrank. Lhasa liegt 3850 Meter über dem Meeresspiegel, und wir haben uns alle noch nicht akklimatisiert. Jeden Morgen um 7.30 Uhr wird die ganze Stadt unerbittlich mit quäkender Musik aus Lautsprechern geweckt. Erst ein Marsch von Sousa, dann etwas Verdi und anschließend was Chinesisches. Zwischendrin Ansprachen ans werktätige Volk.

Draußen Matsch und Chaos. Über der Stadt breitet Mühsal sich aus und der Staub von Beton, trotz des Regens der vergangenen Nacht. Ich trotte mit benommenem Kopf in die Altstadt, um auf dem Schwarzmarkt meine Touristen-Yuan gegen »altes Geld«, die Währung der Einheimischen, einzutauschen.

Vor einem Teppichladen im Barkor hocken zwei Männer auf dem Boden. Sie haben sich ein Mühlespiel in den Straßenstaub gezeichnet und spielen mit verschiedenfarbigen Fetzchen aus Pappkarton. Die Sonne brennt bösartig. Unter einem Ladentisch schläft ein Clan von Hunden. Mitten auf dem Barkor sitzen drei Lamapriester.

Auf dem Heimweg verlaufe ich mich im Militärgelände, dem unser Hotel angegliedert ist, und weiß nicht, wie ich wieder herausfinden soll. Vergeblich versuche ich, chinesische Soldaten um Auskunft zu bitten. Sie gehen an mir vorbei und schauen durch mich hindurch, oder sie radeln über meinen Schatten. Ich fühle mich wie in einem Gefängnis. Überall in Lhasa gibt es Kasernen und Stacheldraht und Soldaten.

Auch Schurle führt Tagebuch. Über diesen Tag hat er aufgeschrieben:

»Während ich mich im Jokhang-Tempel mit dem Pilgerstrom durch die engen dunklen Gänge zwänge, fragt mich ein Mönch flüsternd: ›Which country are you coming from?‹ Als ich mit ›Switzerland‹ antworte, steckt er mir einen Zettel zu. Für Begegnungen mit Einheimischen haben wir alle stets ein paar Fotos vom Dalai Lama in der Tasche. Ich schenke dem Mönch so ein Bild, und er steckt es in seine Kutte und verschwindet. Plötzlich begegnen mir an allen Ecken Lamas, die um ein Bild des ›Yishi Norbu‹ bitten, des ›köstlichen Juwels‹, wie sie ihren Gottkönig nennen. Zum Lohn lassen sie mich und meine Freunde in die oberen Räume des Tempels, die sonst für Fremde tabu sind. Auf dem Dach kann ich endlich den Zettel lesen. Es ist ein Aufruf zur Befreiung Tibets. Uschi meint, daß der Dalai Lama in seinem indischen Exil soviel bedeutet wie Lech Walesa für die Polen.«

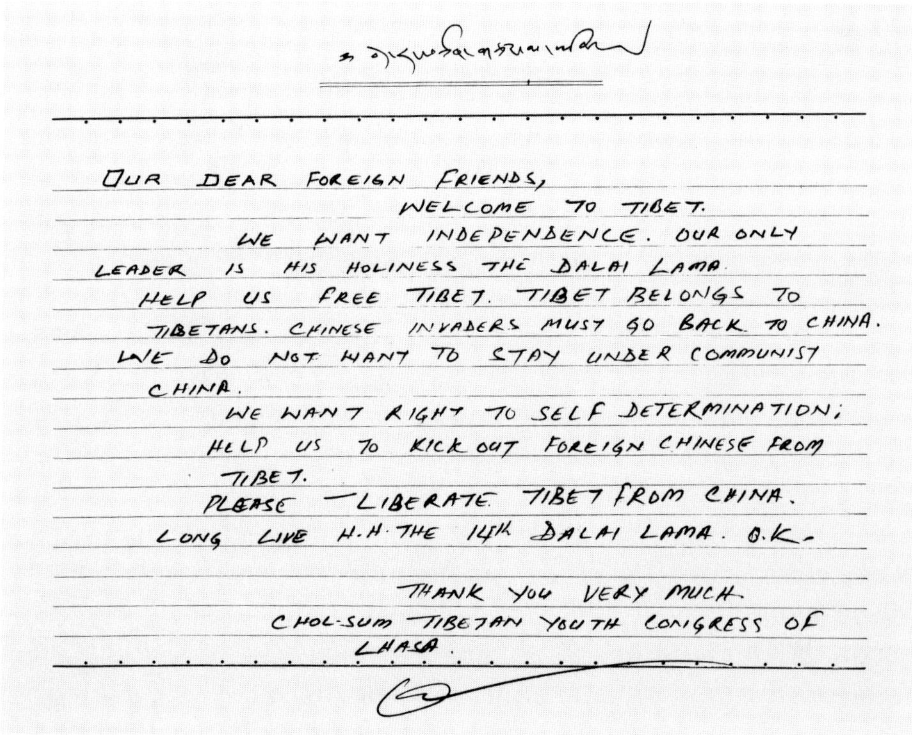

OUR DEAR FOREIGN FRIENDS,
WELCOME TO TIBET.
WE WANT INDEPENDENCE. OUR ONLY LEADER IS HIS HOLINESS THE DALAI LAMA.
HELP US FREE TIBET. TIBET BELONGS TO TIBETANS. CHINESE INVADERS MUST GO BACK TO CHINA.
WE DO NOT WANT TO STAY UNDER COMMUNIST CHINA.
WE WANT RIGHT TO SELF DETERMINATION;
HELP US TO KICK OUT FOREIGN CHINESE FROM TIBET.
PLEASE LIBERATE TIBET FROM CHINA.
LONG LIVE H.H THE 14th DALAI LAMA. O.K.

THANK YOU VERY MUCH.
CHOL-SUM TIBETAN YOUTH CONGRESS OF LHASA.

17. Juli, Lhasa

Auszug aus Chrigls Reisenotizen: »Die Toyotas sind nicht in Lhasa, noch immer nicht. Was tun? Cheng und Yang, unsere Begleiter, beteuern immer wieder, daß sie rechtzeitig da sein werden. Wir glauben ihnen nicht. Nach dem Abendessen erblicke ich vor dem Hotel einen nagelneuen Landcruiser ohne Nummernschild. Ich vermute sofort, daß es sich um einen unserer Wagen handelt. Wir rennen alle voll Freude hinunter, und tatsächlich steht im Innern des Wagens ›Reinhold Messner Tibet Expedition 1985‹. Bald taucht auch der Fahrer auf und kurz darauf der zweite Toyota. Zwei lustige junge Burschen, die in zwei Tagen von Tienjin 3500 Kilometer zurückgelegt haben. Sie heißen Durat und Chang King Fu. Wir beschließen, die Kisten auszuprobieren und am nächsten Tag zum Kloster Ganden zu fahren.«

18. Juli, Lhasa

Das Kloster Ganden, das »Freuderfüllte«, ist im 15. Jahrhundert von Tsongkapa erbaut worden, einem Reformator des Lamaismus, den Sven Hedin in seiner Bedeutung mit Martin Luther verglichen hat. Als der Buddhismus durch Missionare im 7. Jahrhundert nach Christus nach Tibet kam, vermischte er sich dort mit den Zauberbräuchen der animistischen Bön-Religion zu einem überaus machtvollen Konglomerat, dem Lamaismus. Bald begannen die Rotmützen, wie die Lamas nach ihrer Kopfbedeckung genannt wurden, sich dieser Macht wie üblich zu bedienen. Sie schwächten die ohnehin schwachen Könige und übernahmen die Herrschaft sowie die Gepflogenheiten der Herrschaften. Der Lamaismus begann rapide zu verweltlichen. Da kam Tsongkapa und machte dem Treiben ein Ende. Er gründete den Gelugpa-Orden der »Gelbmützen«, der »Tugendhaften«, führte den Zölibat ein und entfernte die Rotmützen aus allen einflußreichen Ämtern. Natürlich bildeten sich auch bei den Gelugpa hierarchische Strukturen. Sie gipfelten nicht wie bei uns in Gottesgnadentum, sondern in der Wiedergeburt eines Gottes selbst, im Dalai Lama. Eines Tages träumte der tibetische Martin Luther, daß Horden von Ungläubigen kämen und seine neugegründeten Klöster vernichteten. Er machte sich auf die Suche nach einem gut versteckten Platz in seinem Lande und baute dort Ganden, damit wenigstens dieses eine Kloster von den Ungläubigen verschont bliebe. Tsongkapas schrecklicher Traum wurde 500 Jahre später Wirklichkeit, doch Maos Rotgardisten haben auch Ganden gefunden. Es lebten dort mehr als 4000 Mönche in einem gigantischen sakralen Termitenbau. Was sie im Laufe der Jahrhunderte erbaut hatten, wurde in wenigen Monaten zerstört. Von den ehemals 108 Tempeln stehen heute noch drei.

Seit 1980 wird Ganden wieder aufgebaut, langsam, mühselig und mit viel Liebe. Die alten Lamas, die die Kulturrevolution überlebt haben, weisen junge Leute in die alten Handwerkskünste ein, damit alles wieder seine Ordnung bekommt.

Die 60 Kilometer von Lhasa nach Ganden sind ein kleiner Vorgeschmack auf das, was uns erwartet. Die Straßen, unasphaltiert und voller Schlaglöcher, gleichen streckenweise ausgetrockneten Flußbetten. Chrigl weist die erstaunten Fahrer in die Geheimnisse der unteren Gänge der Toyotas ein. Wir werden eine Staubwolke von 4000 Kilometern Länge über das Dach der Welt ziehen.

Betender Mönch im Kloster Ganden

Folgende Doppelseite: Klosteranlage von Ganden
Die ersten Neubauten in den Ruinen der Kulturrevolution ▷

19. Juli, Lhasa

Im Nieselregen fahren wir zum Potala. Wir streunen durch endlose Gänge, ungezählte dunkle Räume, in denen Buddhas im Licht von Butterlampen glimmen. Unter den Butterlampen stehen Batterien von Feuerlöschern. Die Lackmalereien an den Wänden zeigen alle großen Klöster Tibets, Feste, brokatene Reisezelte, exotisches Getier. Auch wolkenverhangene Berge sehen wir und suchen nach dem Kailas. Ein liebenswürdiger Mönch kommt hinzu und erzählt uns Geschichten zu den Bildern. Er spricht tibetisch, und wir verstehen kein Wort, und ich bin glücklich, daß ich ihn nicht verstehe. Noch ist Tibet ein fernes Land, ganz weit weg.

Wenn ein Dalai Lama stirbt, so hat das in sitzender Haltung zu geschehen, in der Lotusstellung Buddhas. Dann wird sein Leichnam in einen großen Behälter gesetzt, der mit Salz gefüllt ist. Der Gottkönig wird gepökelt. Ist er genügend konserviert, setzt man ihn prächtig gekleidet in die für ihn erbaute Grabkapelle und mauert ihn ein. Es entsteht eine kunstvolle Pyramide oder Kuppel aus Stein und Lehm, die dann mit Gold, Silber und Edelsteinen geschmückt wird, ein Tschorten. Gekrönt wird er mit einem Türmchen, das die Stufen der Erleuchtung andeutet. Diese Art der Grablegung kam aus Indien, wo man schon in vorbuddhistischer Zeit als heilig geltende Asketen unter Hügeln begrub, die dem Phallussymbol Shivas nachgeformt wurden, sogenannten Stupas. 13 Dalai Lamas sind im Potala begra-

Mönch mit Dalai-Lama-Bild

Lama in Ganden: Buddha hat Mao überlebt

Wandmalerei in den Gängen des Potala

ben, im roten Zentrumsbau, dem Allerheiligsten, in dem sie auch gelebt haben. Die Wiedergeburt des Bodhisattva Avalokiteshvara lebt sozusagen mit den konservierten Kokons seiner vergangenen Leben in einem Hause. Die Privatgemächer des 14. Dalai Lama sind hergerichtet wie für einen sehnlichst erwarteten Gast. Wenn Schurle die kleinen Bilder des Gottkönigs auspackt, dürfen wir überall hinein und alles sehen. Die Mönche drücken uns freundschaftlich am Arm und zwinkern uns zu. Der ganze Palast ist ein einziges Warten.

19. Juli, Lhasa

Im Garten des Lhasa-River-Hotels gibt es eine fürchterliche Packerei. Wenn ich sehe, was Cheng und Yang alles an Konserven, Kisten und Säcken mit Lebensmitteln eingekauft haben, kommt mir der Verdacht, daß wir in den nächsten sechs Wochen keinem menschlichen Wesen mehr begegnen werden. Unter ihren erschreckten Blicken beginnt Reinhold gnadenlos auszumisten und die Vorräte auf ein Drittel zu reduzieren. Weil wir uns vorstellen, daß die Tibeter unterwegs nicht gerade begeistert sind, wenn wir mit so massiver chinesischer Begleitung angereist kommen, hat Beat auf dem Markt ein paar Gebetsfahnen gekauft. Die nähen wir an die Antennen der Landcruiser als eine kleine Art von Sympathiekundgebung.

Abends ist im unteren Stockwerk des Hotels eine Hochzeit im Gange. Die Jeunesse dorée von Lhasa hat sich in ihren tollsten Discolook geworfen. Wir bringen dem Brautpaar kleine Geschenke und werden auf einen Drink eingeladen. Wir gehen früh ins Bett und keiner schläft. Morgen geht's los.

Treppenaufgang zum Potala

20. Juli, Lhasa–Shigatse, 354 Kilometer

Wir fahren von Lhasa am Kyi-Chu-Fluß entlang, bis er in den Tsangpo mündet, und dann tsangpoabwärts und hinauf zum Kampa La, einem 4794 Meter hohen Paß, und wieder hinab zu einem riesigen türkisgrünen See, dem Jamdok Tso auf 4300 Metern. Gelbe Rapsfelder und Terrassenäcker mit grüner Gerste. Dazwischen Dörfer mit traditionellen tibetischen Häusern, pyramidenartig an die Hänge geschichtet. Keine Verhüttelung der Landschaft wie in Europa. Kühle, klare Luft. Violette Blumenschleier auf den Wiesen. Weit und groß ist alles, auf dem riesigen See ein winziger Kahn. Die Landschaft zieht vorbei, Rod Stewart ist mein kleiner Mann im Ohr.

Reinhold hat noch in Lhasa einen der Landcruiser zum Liegewagen umgebaut, damit wir uns auf der langen Folterstrecke abwechselnd langlegen können. Beat hat das Matratzenlager mit einer pinkfarbenen Steppdecke aus dem Hotelfundus ausgestattet. Die Schweizer nennen das Ganze »das Stübli«.

In der Weite der Ebene grasen Yakherden. Ab und zu bewegt sich in der Ferne ein Pünktchenmensch. Der Dolmetscher Cheng macht uns von Anfang an klar, daß jeder Chinese offiziell das Recht auf drei Mahlzeiten am Tag hat, und so rasten wir pünktlich. Der Ort heißt Nangkartse und liegt auf 4200 Metern Höhe. »Learn from the leader and the comrades!« übersetzt mir Cheng den Text auf dem roten Spruchband über dem Tisch in der Militärstation. Heute ist der 20. Juli, und Führer brauchen wir keinen mehr. Wir trinken Tee aus schillernden Thermosflaschen. Ein verglastes Bücherregal, Blümchenvorhänge, nackte Wände. An den Fensterscheiben kleben Trauben von Kindergesichtern, die uns beim Essen zuschauen. Hinter den Köpfen erstreckt sich unendlich weit eine Landschaft wie aus Dino Buzattis »Tatarenwüste«. Kaum haben wir die gastliche Stätte verlassen, stürzen die Kinder wie ein Heuschreckenschwarm herein und leeren in Sekundenschnelle den Tisch. Leere Konservendosen, Brotreste, Bierdosen, Eierschalen – einfach alles verschwindet unter ihren speckigen Kitteln.

Chang King Fu heißt einer der beiden Chauffeure. Er stammt aus Sinkiang und kann Kronenkorken mit den Zähnen von den Flaschen sprengen. Er fährt wie ein Wahnsinniger. Die Straße ist seit kurz hinter Lhasa unasphaltiert. Sie führt nach Kathmandu in Nepal. Ab und zu bewegt sich ein Militärfahrzeug in einer riesigen Staubwolke auf uns zu. Unsere Zähne knirschen von Sand.

Auf dem Weg zum Kampa-La

Ein kurzer Regenguß hat einen Bierkarton auf dem Dach des »Stüblis« aufgelöst. Es hat die Dosen bei voller Fahrt auf den Straßenschotter geschleudert. Sie liegen aufgeplatzt da wie kleine Fontänen, und ein halbes Dorf balgt sich um sie. Die Kinder kreischen begeistert.

Wir wechseln die Plätze. Schurle kriecht mit Chrigl wütend ins »Stübli«, das er für eine geisteskranke Erfindung hält. Bei jeder Bodenwelle fliegen die Stüblibewohner nämlich in die Luft, und hier folgt eine Welle der anderen.

Nach stundenlanger Fahrt plötzlich ein goldener Glanz über den Weidenbäumen am Straßenrand, und aus dem Gold starrt streng ein riesiges Augenpaar. Es sind die Augen Buddhas, die auf den vierzehnstöckigen, Erleuchtung verheißenden Tschorten des Klosters gemalt sind. Wir sind in Gyantse.

Man könnte meinen, der Tempelbezirk sei eine Pilgerstätte für Hunde. Im Schatten der Mauer dösen sie aufgereiht vor sich hin, ich zähle mehr als hundert. Ein junger Mönch geht über den glutheißen Platz vor dem Tempel. Plötzlich nimmt er einen großen Stein und knallt ihn einem der schlafenden Hunde gegen die Rippen.

In der vierzehnstöckigen Stupa gibt es zahlreiche kleine und große Kammern mit wilden, aufregend schönen Wandgemälden, die vom Lamaismus und seinen Göttern erzählen. Eines der Bilder hat mir besonders gefallen: Auf einem Laken liegt ein nackter Mann, und eine fünfköpfige Tigerherde fällt über ihn her. Zwei Lamas stehen beifällig daneben. Auch finde ich einen Mönch, der Tennis spielt. In einem anderen Kämmerchen entdecke ich Vaishravana, den Gott des Reichtums. Er reitet festlich gewandet auf einem Schneelöwen und hält mit der linken Hand eine edelsteinspuckende Ratte auf seinem Knie fest. Seit ein paar Jahren habe ich zu Hause einen Vaishravana aus Bronze stehen, aber die Edelsteine wollen sich bis jetzt nicht einstellen. Wir schlendern hinüber zum Tsuglakhang, dem Haupttempel. In der riesigen Halle sitzen betende Mönche auf Bänken im Lotussitz. Fehlt auf einem Platz ein Lama, so hat er Spitzhut und Mantel so aufgebaut, daß es aussieht, als säße da einer von den sieben Zwergen. »Wie beim Schweizer Militär«, sagt Beat. Dazwischen hüpfen und tschilpen Spatzen herum. Einige Mönche kneten aus Tsampamehl, aus gemahlener Gerste, Thormas, große Opferkuchen. Ein alter Lama formt kunstvolle Ornamente aus Butter dazu und legt sie dann zum Abkühlen in kaltes Wasser. Neben ihm sitzt ein Eleve, der Kügelchen rollt. Mit mir schaut ihnen ein Tibetermädchen zu. Ihre Bluse ist mit Pharaonenköpfen bedruckt.

Weidende Yakherde: Kommunenwirtschaft …

… und Selbstversorgung: Brennholzbeschaffung

2752

Vom Tempelbezirk aus hat man auch hier eine kerzengerade Schneise durch die verwinkelte Stadt geschlagen. Wie in Lhasa hat sie Ausmaße für Militärparaden. Unter einem Sonnensegel werden Balken für ein neues Tempelportal geschnitzt, sehr schön, nach alter Manier. Während der Kulturrevolution sind auch in Gyantse außer den vier sakralen Hauptgebäuden alle Bauten im heiligen Bezirk zerstört worden. Von den 3800 Klöstern Tibets sind damals bis auf 13 alle zerhackt, zerschlagen und gebrandschatzt worden und mit ihnen die letzte lebende antike Hochkultur der Erde. Beim Wiederaufbau, der großteils von Peking finanziert wird, denken die Chinesen natürlich auch an devisenbringenden Tourismus. Und so entstehen die Oberammergaus des Buddhismus.

◁ Kloster Gyantse: Kahlschlag für ein neues Image

Gyantse ist einmal einer der wichtigsten Handelsplätze Tibets gewesen, mit einem so reichen Warenangebot, daß der englische Diplomat Charles Bell 1919 den Bazar mit der Oxford Street in London verglichen hat. Heute ist Gyantse ein Dorf, und ländlich ist auch sein Bazar. Die Waren sind vor den Häusern auf dem Boden, oft ganz einfach in Hauseingängen oder auf den Strohvorräten für die Tiere ausgebreitet. Dazwischen ein paar »richtige« Läden, aber das Angebot ist überall das gleiche: Tee, Schöpfkellen, geflochtene Seile, Gürtel, Plastikschmuck, Knoblauch, ein paar Klamotten.

Inmitten der vorbeitrottenden Tibeter leuchtet auf einmal hell wie ein Weizenfeld das kurzgeschnittene Haar eines Mädchens. Sie sitzt vor einem der Häuser und trinkt mit Einheimischen zusam-

Bauarbeiten in Gyantse

men Tschang, ein milchig-weißes Gerstenbier. Sie kommt aus Kathmandu und will nach Lhasa weitertrampen. Mit entspannten Augen bietet sie auch uns zu trinken an, sehr gemütlich.

Zwischen Gyantse und Shigatse beginnt die Art von Landschaft, die wir von den Thangkas, den religiösen Rollbildern der Tibeter, her kennen. Berge, so spitz wie Zuckerhüte und nach Farben geordnet in Gruppen hintereinander aufgestellt, von Kristallblau über Violett bis Olivgrün. Darüber schweben in der dünnen blauen Luft Wolkentiere, symmetrisch auch sie, unten abgeflacht, als lägen sie auf unsichtbaren Tabletts. Drachen, Schwäne, Schneelöwen, wunderliche Schlangen sind unterwegs über Farbstreifen von gelbem Raps, grüner Gerste, ockerfarbenem Sand und lila Geröll. Dörferhäufchen, Häuserwürfel. Auf die Türen sind mit blutroter Farbe Zeichen gemalt. Ein licgender Halbmond, in seiner Mulde ein Kreis und darunter ein Hakenkreuz: unsere drei Reiseziele! Denn der Halbmond bedeutet den Rakastal und der Kreis den Manasarovar, die beiden heiligen Seen; und das Hakenkreuz ist hier nicht nazifiziert, es stellt symbolisch den Kailas dar, der in seiner Südwand svastikaartige Felseinschnitte hat.

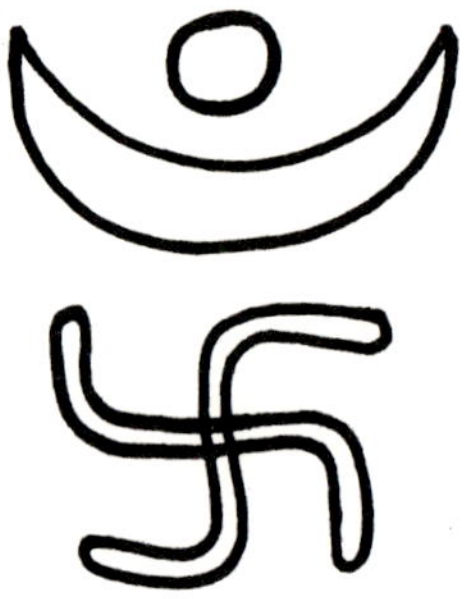

Die Straße ist mit dichten Reihen von Weidenbäumen und Pappeln eingefaßt, zwei Linien aus sanftem Grün, die kerzengerade zum Horizont führen.

Natürlich versinkt auch Shigatse in fieberhaften Bauarbeiten, damit die Stadt rechtzeitig zu den Autonomiefeierlichkeiten ein jugendlich-dynamisches Make-up vorzeigen kann. Es ist schon dunkel, aber auf den Straßen wird noch immer geteert, gewalzt, Split aufgeworfen. Den Split werfen Mädchen mit Schaufeln. Sie arbeiten immer zu zweit: Eine stößt die Schaufel in den Haufen, die andere zieht den Schaft von der anderen Seite mit einer Schnur wieder heraus, und so wird mit viel Schwung Arbeitsplatzbeschaffung demonstriert. Die meisten Arbeiterinnen tragen die alte Tracht: Bluse, bodenlanges ärmelloses Wickelkleid aus handgewebtem Wollstoff, darüber eine gestreifte, handgewebte Wollschürze. Niemand hat hier ein mürrisches Überstundengesicht. Aus einem offenen Fenster plärrt Schlagermusik, die Mädchen kichern und scherzen mit den Walzenmännern.

In der Schwärze der Regennacht haben wir zwischen zwei Rohbauten am Rande einer der neuen Diktatorenaufmarsch-Avenuen ein Kino entdeckt: Über zwei Abbruchwände wurde mit armdicken Bambusstangen als Stützen eine große Zeltplane

Eingang zum Kloster von Tashi Lhunpo: es darf wieder gebetet werden

Kloster Tashi Lhunpo: Rast nach tagelangen Fußmärschen …

gespannt. An der linken der beiden Mauern klebt ein Wellblechhäuschen mit dem Kartenverkäufer, an der rechten steht auf einer Schiefertafel geschrieben, was heute abend gegeben wird. Wir können das natürlich nicht lesen – chinesische Schriftzeichen –, aber das ist egal: Wir wollen in dieses Kino.

Wo normalerweise die Leinwand hängt, steht ein alter Schreibtisch, auf dem Schreibtisch eine Holzkiste und auf der Holzkiste ein Video-Bildschirm. Daneben der Recorder, der mit einem Teekessel beschwert wird, damit er gerade steht. Auf rohen Balkenreihen in Latrinenmanier hocken die Zuschauer. Wir sehen eine offenbar japanische Cassette mit chinesischen Untertiteln: »The Girl Fighter«, ein historischer Krimi. Während auf dem stark flimmernden

Bildschirm Frauen um Gnade flehen, platscht auf die Dachplane heftiger Regen. Vor mir lehnt lässig an einem der Bambuspfosten ein tibetischer Punk. Kahlrasierter Schädel, pinkfarbige Plastikbrille in Schmetterlingsform, Trenchcoat.

Die Stadt hat Westernatmosphäre. Rechts und links der lehmgelben, kerzengeraden Durchgangsstraße Telegrafenmasten, schwer behängt mit einem Gewirr von Drähten, vor den flachen Häusern Abfall, Maschinenteile, leere Teerfässer, magere Hunde. Wind, der aus der Weite der Ebene kommt, peitscht Regen vor sich her. Ab und zu das Licht einer nackten Glühbirne, Menschenschatten, geparkte Trucks. Hier muß man sich abends besaufen.

Wir suchen in der Stadt nach Bier. Die Marktstraßen, in denen es früher bis weit nach Mitternacht wild zuging, sind ausgestorben. Aber in einer betonernen Bruchbude von Kaufhaus räumt ein Mann die Regale auf. Wir klopfen ans Fenster. Mürrisch schließt er auf. Hier gibt es nicht nur Bier und Schulhefte mit Bildern von lustwandelnden chinesischen Prinzessinnen darin, sondern auch sonst alles, was der Mensch in Shigatse zum Leben braucht. In einer Ecke entdecke ich tibetische Hausaltäre, schön geschnitzt und bunt bemalt, Wohnzimmer-Glasvitrinen für die Götter. Man muß das gesehen haben: In einem Land, wo die Kulturrevolution ihre grauenvollsten antiklerikalen Exzesse ausgetobt hat, gibt es nun in den staatseigenen Läden Altäre zu kaufen.

21. Juli, Shigatse

Die Höhe macht uns noch immer zu schaffen. Nachts ziehen endlose Bilderfolgen durch den Kopf. Sie tauchen auf aus einem Bildersee, erheben sich wie Kometen und verlöschen im Nichts. Dazwischen Wachzustände in einer anderen Wirklichkeit.

Wir schlafen im Kasernengetto, wo alle Reisenden eingesammelt werden, in einer Kolonie von Steinbaracken mit Eisenbetten. Zum Waschen gießt uns eine Chinesin heißes Wasser aus einem Teekessel in Emailschüsseln auf Holzgestellen. In jedem Zimmer steht ein Tischchen mit heißem Wasser in Thermosflaschen, Emailtassen mit Deckelchen und eine Büchse mit Teeblättern. Zum Frühstück gibt es in der Kantine ein üppiges chinesisches Mahl mit Fleisch, Gemüse, Dampfnudeln, getrocknetem Fisch, dazu Brot, Marmelade und Kaffee. Nicht schlecht. Eine Gruppe Italiener sitzt ausgezehrt in den Stühlen und starrt entsetzt auf unser Geschmause. Nur der Anblick von Reinhold hellt ihre Mienen auf. Wenn der »grande Messner« das alles erträgt, muß auch an ihrer Reise was dransein. Dann verderben sie ihm den Appetit mit der Bitte um Autogramme.

Über der Stadt Shigatse mit ihrer harschen Kasernenarchitektur erhebt sich am »Berg des Glücks« ein Gewirr von goldenen Pagoden, roten Mauern und kunstvollen schwarzen Balken, das Kloster Tashi Lhunpo. Es wurde 1445 von Gedundup gegründet, einem Neffen des zölibatären und dennoch dynastisch eingestellten Tsongkapa. Der Onkel hatte ihn als ersten Großlama der Gelugpa eingesetzt. Gedundup wurde postum zum 1. Dalai Lama erklärt, und das Kloster Tashi Lhunpo ist seit 1569 der Sitz der Panchen Lamas, auch Tashi Lamas genannt. Bis 1959, als der 14. Dalai Lama vor den Rotchinesen nach Indien ins Exil floh, wurde Tibet von den beiden obersten Lamas der Gelugpa beherrscht. Der Dalai Lama in Lhasa war zugleich Oberhaupt von Kirche und Staat, während der Panchen Lama in Shigatse mehr oberster geistlicher Würdenträger war. Was nicht heißen soll, daß die Panchen Lamas keine Politik betrieben hätten. Sie waren weitgereiste, diplomatische Herren. Beider Person ist in den Augen der gläubigen Tibeter unantastbar, denn beide sind Rinpoches, Wiedergeburten von Bodhisattvas, von Wesen, die als Erleuchtete ins Nirvana eingehen könnten, aus Mitleid zu den Menschen aber nach ihrem Tode wieder auf die Erde zurückkommen. Der derzeitige Panchen Lama ist nach der Annektierung Tibets nach Peking gezogen und lebt dort als hoher Funktionär.

Im Kloster Tashi Lhunpo herrscht reges Treiben. Wer Sorge hat, daß die Chinesen den Tibetern ihre Religion ausgetrieben haben, muß sich das ansehen. Hunderte von Mönchen, Aberhunderte von Pilgern. Hörnerblasen, Trommelschlagen, Tschinellenklingen, gemurmelte Gebete, Weihrauchschwaden.

Heinrich Harrer hat vor Jahren bei seinem ersten Besuch nach der Kulturrevolution befürchtet, die Mönche seien Staffage, verkleidete Alibichinesen. Davon kann keine Rede sein. Der Lamaismus hat überlebt. Die Mönche beten nach Stundenplan: von 5 bis 12, von 15 bis 17 und von 19 bis 23 Uhr, das sind 14 Stunden am Tag. Ihren meditativen Singsang begleiten sie mit einem Ballett von Handbewegungen.

Im großen »Saal der Verwandlungen« im Halbdunkel die starren Bronzegesichter der Buddhas. Dunkle Säulen, glattpoliert von gebeugten Rücken. Brokatene Throne auf erhöhten Plätzen, unten Pilger in tausendmal geflickten Turnschuhen mit angenähten Wadenwickeln. In den schrägen Lichtstreifen aus hochgelegenen Fensterluken vermischt sich aufgewirbelter Staub mit dem Rauch von Räucherstäbchen, dem Gestank der Butterlampen, dem Nomadengeruch nach Yak und Ziege. Dazu die große Meereshöhe. Es ist, als höbe ich ab. Bevor ich ohnmächtig werde, gehe ich hinaus in den großen »Hof der Prüfungen«.

Oben auf der Ehrentribüne hat 1907 Sven Hedin neben dem Panchen Lama gesessen, im Frack und mit Lackschuhen, und hat die Spiele zum tibetischen Neujahrsfest betrachtet. Hedin hatte einen harten Winter hinter sich. Er hatte die Chang-Tang-Ebene mit ihren Blizzards durchquert, seine Karawane war achtzig Tage lang keinem menschlichen Wesen begegnet, und von seinen hundert Maultieren haben nur sechs überlebt. Er hatte, wie schon 1901, vergeblich versucht, sich nach Lhasa zu schleichen. Nachdem ihn der Gouverneur der Provinz Naktsang dahin zurückschickte, woher er gekommen war, versuchte Hedin es mit Shigatse. Der Panchen Lama behielt ihn sieben Wochen als Gast. Dafür schenkte ihm Hedin eine Apotheke, deren silbernes Morphiumbesteck des Rinpoches besonderen Beifall fand.

Mitten im Hof steht auch heute noch eine riesige Gebetsfahne. Eine Frau streut Tsampa, Gerstenmehl, auf das Yakfell, das um den Stamm gewickelt ist. Eine festlich gekleidete Familie verläßt das Kloster mit kleinen Bronzebuddhas im Arm, die wie Puppen in Seidenkleider gehüllt sind, mit kleinen Gelbmützen auf dem Kopf. Zu Hause kommen die Frischgeweihten in die Altarvitrine.

Der Sog des nicht abreißenden Pilgerstroms zieht uns wieder in den Tempel, durch ein Labyrinth von Sälen, Gängen und Kammern.

Der Saal der tausend Buddhas, tausend Statuen, in der Mitte Sakyamuni. Der Saal der tausend Taras, fünfhundert weiße, fünfhundert grüne, Erlösung spendende Göttinnen. Sie sitzen auf Stellagen hinter Drahtkäfigen. Am Drahtgeflecht sind seidene Lappen angebracht zum Anstecken der Pilgergeschenke: ein kleiner Bazar der Opfergaben. Sicherheitsnadeln sind beliebte Mitbringsel, Nähnadeln, Haarnadeln, Kettchen, Armreifen aus Plastik, Pfauenfedern. Bronzebuddhas mit kobaltblauen Lockenfrisuren, lackrote Wände, an denen reglos rotgewandete Mönche lehnen, als seien sie aus den Wänden gewachsen wie Blumen. Über ihnen elektrische Lampen mit Glasschirmen im Stil der fünfziger Jahre und blauschillernde Christbaumkugeln. Unsere fünfziger Jahre tauchen auch bei den Pilgern auf: Ein alter Nomade trägt einen abgeschabten Matchsack mit der Aufschrift »Gold Cup«. Nach dem Beten befeuchten die Mönche ihre Lippen mit Buttertee. Einer sieht mich schreiben und malt mir folgende Worte ins Heft:

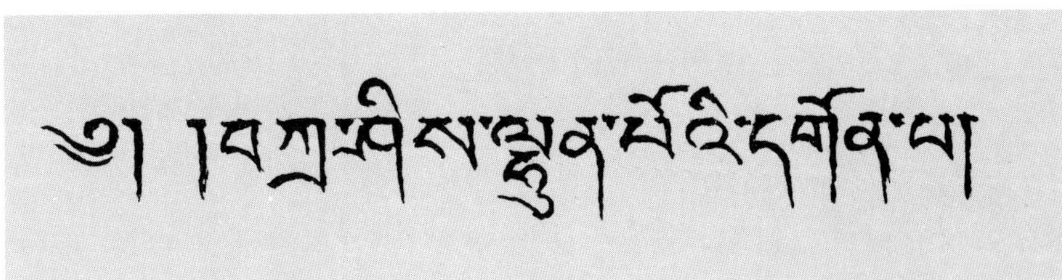

Später werden sie entziffert: »Das Kloster von Tashi Lhunpo.«

Mächtig ragt die elf Meter hohe Statue des Matreya, des »zukünftigen« Buddhas, über zwei Stockwerke, inmitten von bitteren Düften, umgeben von Bronzevasen mit Jahrmarktsblumen, von Silberpokalen mit schwimmenden Butterflämmchen, von prächtigen Thormas. Dazwischen Lamas im Lotussitz, erstarrte lebende Bilder.

In der düsteren Küche brauen Lamas Tee in faßgroßen Kupferkesseln. Überall Geschäftigkeit und Leben. Eine Reise ins Mittelalter. Wir stehen vor goldenen Pagodendächern und blicken über die chinesischen Wellblechkasernen in das unendlich weite Land.

Die Luft ist klar, klar der Kopf, klar die Gefühle und klar die Erinnerung.

21. Juli, Shigatse–Sang Sang, 324 Kilometer

Wir fahren weiter. Der Monsun hat ganze Lavaströme von Gestein und Erde zu Tal gespült. Wie riesige Käfer kriechen unsere Wagen über Vesuvlandschaften, über moosbewachsene Nilpferdrükken, über zottige Urtiere. Nach langen Strecken zerfallender, zerfließender Mondlandschaften stürzt die ganze Welt in die Flüsse und verschwindet durch tiefe Gräben in ihrem eigenen Inneren. Die Gräben, sagt Beat, sind wie rausgerissen von den Nägeln eines Riesen.

Der dicke Cheng vergißt auch hier nicht das Essen. Wir machen Halt in Lhasé, der traurigsten Kaserne der Welt, Grenzstation der Trostlosigkeit. Ein Betonloch von Speisesaal, hier versucht niemand mehr, so etwas wie Wohnlichkeit herzustellen. Keine Vorhänge, kein Bild, nichts. Auch konsequente Tristesse hat Stil. Da wohnen die Besetzer, Soldaten, oft jahrelang, ohne ihre Familien zu sehen, die irgendwo im grünen Sichuan Reis pflanzen. Wir essen im Freien. Die Soldaten haben sich in ihre Löcher zurückgezogen.

Reinhold und Beat joggen elf Kilometer voraus, Schurle folgt ihnen stramm und schafft fünf, Chrigl und ich trotten symbolisch ein bißchen hinterher, bis die Chauffeure uns der Reihe nach auflesen. Wir sind auf einer Meereshöhe von 4600 Metern.

Längst haben wir die Straße nach Kathmandu verlassen. Wir überqueren den Tsangpo. Er führt lehmiges Hochwasser. Die Fähre ist mit Gebetsfahnen beflaggt wie ein Musikdampfer. Sie transportiert Fahrräder, Esel, Bauern, Soldaten, unsere Wagen, Militärlaster. Fotografieren ist hier streng verboten. Natürlich fotografieren wir alle.

Der Monsun ist eine wunderbare Reisezeit, da darf man sich nichts anderes einreden lassen. Ungefähr 200 Kilometer nach der Fähre erwischt uns ein Hagelsturm, der sich gewaschen hat, Gewitter und Sturzbäche von Regen. Wir fahren über Stock und Stein, die Straße wird zum Fluß, hinter uns aufschäumende Wasserfontänen, als wären wir in Motorbooten unterwegs. Und dann versperrt ein reißender Fluß den Weg. Die Straße führt mittendurch und ist irgendwo auf seinem Grund verschwunden. In seiner Mitte steht ein Militärlaster. Die Flügel seiner Motorhaube sind hochgeklappt und beben im Wind. Wassermassen bahnen sich ihren Weg quer durch den Motor und ziehen schillernde Ölschlieren mit sich. Das Wasser hat Brusthöhe. Wir steigen aus und warten, warten, daß das Wasser sinkt, hoffen, daß wir in einer Stunde ans andere Ufer queren können. Der Wind treibt tiefgraue Wolkenfetzen über das grüne Weideland.

Fähre über den Tsangpo: fotografieren verboten

Tibet im Monsun: im Hochwasser versinkende Straßen

Die Lkw-Fahrer hier sind meist wilde Typen, geprägt von der unwegsamen, weiten Landschaft und den wahnsinnigen Distanzen von Militärstation zu Militärstation, von Benzindepot zu Benzindepot. In Tibet gibt es unterwegs keine Tankstellen. Immer wieder treffen wir auf havarierte Fahrzeuge, die Chauffeure sitzen neben den Wracks, kochen Tee und warten auf bessere Zeiten oder auf Kollegen, die mit ihnen in den Motoren herumstochern. Schlamm und Dreck und ab und zu ein einsamer Reiter, der mit seinem kleinen, zähen Spielzeugpferdchen überlegen vorbeitrottet.

Nach dreiviertel Stunden Warten tragen zwei Tibeter ihre Fahrräder auf den Schultern quer durch den Fluß, das Wasser geht ihnen bis zum Bauch, auch wir brechen auf.

Wir sind im Land der Yaknomaden. Weite, grüne Weideflächen, riesige Herden, schwarze Zelte, Rauch. Hier oben in der dünnen Luft findet mein abendländisches Herz, wonach es immer gesucht hat: viele Tagereisen nichts als Landschaft, Weite und Leere. Daß hier Menschen leben, ist nur durch die kilometerlangen, weißbestäubten Lehmziegelmauern erkennbar, die Weidegebiete abstecken, Christos »Running Fence« aus Lehm, eine endlose schwungvolle Schlange.

Gegen 21 Uhr treffen wir in Sang Sang ein. Eine kleine, lausige Kaserne. Elf Soldaten bewohnen die Garnison. Sie sind im Gemeinschaftsraum versammelt und sehen einen Film. Wir schlüpfen im Dunkeln zu ihnen. Beat beschreibt den Abend: »Kino und sonst keine Elektrizität. Der Film ist rührend: Ein Junge will Taucher werden, es stinkt ihm in der Fabrik. Er besteht die Aufnahmeprüfung nicht, weil er *geistig* zu wenig begabt ist. Seine Begeisterung wird mißbraucht von einem Schwarzhändler, um kostbare Meerestiere illegal herauszuholen. Er ersäuft dabei. Ein sympathischer Junge. Gemäß chinesischer Lebensauffassung wird zu Recht bestraft, wer aus seiner Arbeitspflicht ausbricht. Da es noch mindestens eine Stunde dauern würde, bis wir ein Schälchen Reis kriegen, gehen wir um 23.15 Uhr ohne Essen ins Bett.«

See bei Sang Sang: wie ein Aquarell von Sven Hedin ▷

22. Juli, Sang Sang–Coqen, 306 Kilometer

Gestern Christos »Running Fence«, heute ist Walter de Maria angesagt. Kilometer um Kilometer begleiten uns Telegrafenstangen und zeichnen kühne geometrische Linien in die Landschaft, Linien und Perspektiven, wie sie de Maria in Mexiko mit Metallstäben in der Wüste dargestellt hat. Die Hochflächen Tibets liegen mit einer durchschnittlichen Höhe von 4500 Metern alle weit über der Baumgrenze. Die Natur hat hier so klare, strenge Formen, daß der Mensch mit so gut wie allem, was er hinstellt, zum Schöpfer von Land Art wird.

Der Monsun hat unsere Reiseroute nach Westen ausgelöscht, hinweggewaschen. Unsere Chauffeure erfahren die frohe Botschaft durch freundliche chinesische Offiziere, die nach Stunden die erste Begegnung mit Menschen sind.

Für uns bedeutet das einen Umweg von 1400 Kilometern, einen Schwenk nach Norden, quer durch den Transhimalaja, mitten in die Hochebene mit ihren Salzseen, und die absolute Ungewißheit, ob wir den Kailas jemals erreichen. 1400 Kilometer Umweg bedeuten bei einem Schnitt von 30 Kilometern in der Stunde zerschlagene Knochen, zermürbte Hintern, steife Genicke.

Längst haben Durat und Chang King Fu ihr Monopol als Fahrer abgegeben. Yang fährt, Schurle fährt, Chrigl fährt. Chang King Fu kann sich nicht an die Höhe gewöhnen und kotzt ständig.

Durat und Chang King Fu kommen aus Urumchi. Durat ist Uigure und Moslem, Chang King Fu ein Han-Chinese wie Cheng und Yang. Und alle kennen Mozart. Sie pfeifen die Klavierkonzerte vor sich hin. Wenn Chang King Fu eine Cassette besonders gut gefällt, singt er ohne Ende die drei tibetischen Silben ya-ku-tu dazu, die

Unsere Hiobsboten

Telegraphenstangen mit Land-Art-Effekt: Nabelschnur von Garnison zu Garnison

soviel wie »sehr schön, toll« bedeuten, immer im Takt und sehr laut. Yang fragt nach Beethoven und will unbedingt die 5. Sinfonie hören. Wenn ich den Lärm nicht mehr aushalte, schiebe ich mir die Kopfhörer vom Walkman unter die Mütze und gebe mich ganz autistisch Glen Gould hin. (Persönliche Anmerkung: Sie müssen die tibetische Landschaft vor Augen haben und dazu Bachs Goldberg-Variationen hören. Es ist das Größte!)

Kurz nach Saga (dem alten Saka-dzong) biegen wir ab nach Norden. Ganz unverhofft bewegen wir uns auf den Spuren Sven Hedins, der von hier aus zum Terinam Tso gezogen ist, den er dann als einen der schönsten Salzseen Tibets beschrieben hat. Wir durchqueren die Bergkette des Kangtschung Gangri. Auf einmal tut sich die Erde auf und speit Dampf und heißes Wasser aus. Vor den rauchenden Fontänen stehen schwarze Nomadenzelte wie Riesenameisen mit ihren Beinen aus Seilen und Pflöcken. Hier leben Nomaden friedlich wie die ersten Menschen. Über polsterartige grüne Weiden gehen wir auf die Zelte zu. Dabei schielen wir vorsichtig nach den großen Hunden, mit denen nicht zu spaßen ist.

Es sind wild aussehende Gesellen, die uns vor den Zelten entgegenkommen. Aber wir haben die Dalai-Lama-Bilder. Wer den Yischi-Norbu, das »Köstliche Juwel« bei sich trägt, kann kein schlechter Mensch sein.

Ein tragbares Dach überm Kopf, gewebt aus den Haaren der eigenen Yaks, eine Feuerstelle in der Mitte, geheizt mit dem getrockneten Dung der eigenen Yaks, darum herum Schaffelle zum Schlafen, ein paar Säcke mit Gerste, Mahlsteine, ein Butterstampfer für die Milch von der eigenen Herde, ein Altärchen für die Götter, ein paar Schalen für den Tee und den Tsampabrei, dazu Vater, Mutter, Kind, der Hund und die Herde. Der Mond, die Sterne, das Wasser, der Wind.

Unter speienden Geysiren laufen wir herum wie Kinder und schauen zu, wie die Nomaden ihre langhornigen Schafe zum Melken in Zweierreihen zusammentreiben. Ein Mädchen bindet sie in Windeseile an den Hörnern aneinander, eins rechts, eins links, die Köpfe nach innen, die Euter nach außen. Die Tiere sind frisch geschoren. Eines trägt ein Mäntelchen aus Fell umgebunden, das Schaf im Schafspelz. Sven Hedin nennt diesen Platz Memotschutsän, und zu seiner Zeit haben in den Steinkaskaden der Quellen Kranke gebadet.

Wir wollen bleiben, alle. Aber Yang treibt uns weiter. Yang hat immer Benzinprobleme im Kopf und Quartiersorgen, und er weiß, daß wir den Kailas sonst nie erreichen werden.

◁ Nomadenlager an den heißen Quellen von Memotschutsän: Erinnerungen an die Schöpfungsgeschichte

Geysir in Memotschutsän

Wie der Alltag der von uns so beneideten Hirten wirklich aussieht, fanden wir nach unserer Rückkehr in einem Bericht von »China Daily«: »Mehr als zwei Drittel der tibetischen Landschaft liegen über der Baumgrenze. 80 Millionen Hektar Weiden mit einer durchschnittlichen Meereshöhe von 4500 Metern ernähren 21,6 Millionen Tiere, Schafe, Ziegen und Yaks. Mit dieser Art von Landwirtschaft bestreitet Tibet 65 Prozent seiner Gesamtproduktion. Doch auch im Hochland Tibets haben die Chinesen versucht, landwirtschaftliche Kommunenwirtschaft einzuführen.

In Shannan südöstlich von Lhasa wurden 33 300 Hektar Weideland zu Äckern umgepflügt, um Weizen anzubauen. Hirten und Tiere wurden verdrängt. Die Bewohner der Gegend, deren Hauptnahrungsmittel Gerste – nicht Weizen – ist, litten unter Mangel an Fleisch, Butter und Wolle. 10 Prozent des Areals werden ab 1986 wieder in Weiden aufgelassen, weitere 10 Prozent werden mit der Fruchtfolge Gras/Gerste bearbeitet.

Nachdem auch die Zusammenfassung der Nomaden in Kommunen keine erfreulichen Resultate zeigt, wurde in Damshung 1980 ein sogenanntes Testprogramm gestartet. Die Hirten schließen mit der Regierung Verträge auf 30 Jahre über eine bestimmte Anzahl von Tieren. Vergrößert sich die Herde, kann der Halter frei über den Rest verfügen. Hat ein Hirte 1980 weniger als 150 Yuan pro Jahr verdient, ist sein Einkommen 1984 nach dem neuen halbprivatwirtschaftlichen System auf 373 Yuan im Durchschnitt gestiegen. Das mittlere Jahres-pro-Kopf-Einkommen in China beträgt zur Zeit 350 Yuan.« Es ist klar, daß das System nun auf ganz Tibet ausgedehnt wird.

Wir fahren weiter im Land ohne Bäume. Nur die Wolken werfen wandernde Schatten, die in der Landschaft dramatische Akzente setzen, Schattenspots statt Scheinwerferlicht.

Beat, der zum erstenmal in Tibet ist, hat sich kurz vor der Abreise ein Landschaftsbild von Walter de Maria gekauft, der auch noch nie in Tibet war, eine Skala von Grautönen und dazu ein irres Grün. Als Beat die Landschaft sah, sagte er: »Das ist Tibet.« Er hat es gewußt. Jetzt stehen wir vor ihr. Schwarze Bergkegel mit weißen Schneefeldern, ein türkisgrüner See, glatt und ruhig, grüne Wiesen. Wir sind am Laptschung Tso, einem See auf 5193 Metern. Auch Sven Hedin hat ihn gemalt. Oliv- und Violettöne gibt es nur als Schleier in der Ferne. Kommt man ihnen nahe, lösen sie sich auf in vereinzelte Gräschen oder Pflänzchen. Da greift auch die Natur zur Maltechnik. Sie ist ein Pointillist. Weit verstreut wie die einzelnen Gräser Schaf-

◁ Nomaden beim Schafemelken: Lockerung der Kommunenwirtschaft

und Ziegenherden, weiße und schwarze Nomadenzelte. Dahinter die Berge des Kangtshung Gangri. Die Menschen hier oben werden ewig Animisten bleiben.

Pässe, aufgeweichte Hochebenen, Flüsse, steckengebliebene Toyotas, Seilwindenmanöver. Reinhold leidet, weil er nicht zu Fuß unterwegs sein kann. Nach 12 Stunden Fahrt erreichen wir Coqen. Chrigl notiert todmüde: »Wieder ein unheimliches Quartier. Meine Mahlzeiten heute: 1 Tasse Nescafé, 1 Gerberli [das sind Käseecken]. Mittags: 1 Rädli Salami und abends 1 Tasse Tee und 1 Gerberli. Ort: Coqen (man spricht es ›Tsuotschin‹ aus).«

Die ganze Nacht tropft der Regen durch die mit Packpapier tapezierte Decke aufs Kopfkissen, und unter meinem Bett nagt ein kleines Tier. Im Halbschlaf wächst das Tier und nagt sich tief in meinen Kopf.

Bergsee am Rande des Kantshung Gangri: Reminiszenzen an Walter de Maria ▷

23. Juli, Coqen–Gaitse, 260 Kilometer

Manchmal ist es kaum zu glauben, wer alles unterwegs mit uns im Auto sitzt. Heute sind es C. G. Jung und Frank Lloyd Wright. Wir bauen Häuser. Wir bauen Häuser mit Platz fürs ganze Universum. Mit Bächen drin wie bei Wrights Fallingwater. Mit Nischen für gute Geister wie bei Jungs Bollingen. Mit einem Baum darin für Uschi, mit Felsen darin für Reinhold und mit roten Lackwänden wie in Tashi Lhunpo darin für Beat.

Langsam verwildern wir. Sandstarrende Haare, Katzenwäsche, wenn wir nicht zufällig unterwegs einen Bach finden, Staub in den Kleidern, niemand zieht sich mehr um. Die Männer bekommen struppige Bärte. Wir sind an den Dreck unterwegs gewöhnt, essen aus schmuddeligen Schüsseln an fettigen Tischen, das alles ist uns längst egal. Nur einer leidet: der saubere Chrigl mit seinem gepflegten Körper. Er klagt nie, aber immer poliert er mit Erfrischungstüchlein an sich herum und wird vor vollen Tellern immer dünner. Beat mit seinem pedantischen Junggesellenhaushalt in Zürich, wo alles penibel seinen unverrückbaren Platz hat, hat sich akklimatisiert. Ihm ist der Dreck scheißegal. Schurle, der mit seinem Bart Hemingway immer ähnlicher wird, Reinhold und ich waren schon oft so unterwegs, wir sind erprobte Ferkel und kriechen mit den dreckigen Klamotten ins Bett, in dem wir uns mit dem Staub unserer Vorgänger vereinen.

Wer hat je gesagt, diese Erde sei inzwischen zu eng für die Milliarden von Menschen? Wir fahren und fahren, und es gibt nur noch rotbraunen Staub, eine verwehte Piste ins Nichts. Immer wieder erklimmen die Autos Anhöhen zwischen sichtversperrenden Bergen, und dahinter wiederholt sich das gleiche.

Wir winden uns durch ein Stück Ewigkeit, rötlichbraune Ewigkeit. Auf den geraden Strecken rasen die Fahrer, als gälte es ihr Leben, hier herauszukommen. Hier aber gibt es kein Heraus, sondern nur ein immer tiefer werdendes Hinein. Der Himmel ist durch die Sonne so durchsichtig weiß, daß die Augen schmerzen. Seit Stunden halten wir Ausschau nach einem kleinen Bach für die Essensrast. Heute gibt es keine Gnade. Unsere Wagen bewegen sich wie Läuse auf dem Rücken eines verdorrten Gürteltiers.

Nach sieben Stunden Fahrt durch die Glut, die inzwischen auch Reinholds Sehnsucht, zu Fuß zu gehen, geschluckt hat, breitet sich vor uns eine sandgelbe Ebene aus. An ihrem Ende schwebt horizontal ein Spiegel in der Luft. Wir fahren kerzengerade auf ihn zu.

Hochlandpiste nach Gaitse: aufgerissene Erde, Schlammlöcher, Sanddünen und fluchende Chauffeure

Jeder denkt dasselbe: eine Fata Morgana. Am Rand des Spiegels aber sind kleine schwarze Punkte aufgetaucht. Sie schweben in der zitternden Luft. Menschen? Tiere? Zelte? Ausgeburten unserer Phantasie? Noch immer müssen wir lernen, was das ist: weit weg. Nach 32 Kilometern Fahrt gibt sich das Bild zu erkennen: ein riesiger Salzsee, ruhig wie ein Auge aus Türkis, umrandet von Dünen aus blendend weißem Salz. Dahinter Berge, beige, lila und olivengrau und mit einem Schimmer wie von Perlmutt.

18 Tagesreisen bei Schnee und teilweise entsetzlicher Kälte hat es Sven Hedin und seine kleine Karawane gekostet, um im Mai 1907 von den heißen Quellen bis hierher zu gelangen. Auch er hat überall Nomaden getroffen, einmal sogar eine Gruppe von 60 Personen, die sich zwischen Butschu Tso und Kangmar hatten versammeln müssen, um dort dem Steuereinnehmer von Saka ihren Tribut zu entrichten. Hedin und seine Leute hatten harte Tage hinter sich, in denen sie ständig auf der Hut vor Räubern sein mußten. Entsprechend groß war das Entzücken des Forschers beim Anblick des bis dahin nur vom Hörensagen bekannten Sees:

»... in den Ohren klingt es wie Schellengeläut und Saitenspiel, man fühlt sich überwältigt von dieser großartigen Schönheit, die das

Herz mächtiger ergreift als die Predigt eines Bischofs.« Und den Namen des Sees, Teri-nam-tso, interpretiert Hedin so: *ti* ist der Thronsessel eines Lamas im Tempelsaal, *ri* bedeutet Berg, *nam* Himmel und *tso* See. Der ganze Name hat also die poetische Bedeutung *Der himmlische See der Thronberge.*

Auch Hedin konnte nicht immer in Tibet unterwegs sein wie er wollte. Bei ihm waren es noch keine CMA-Funktionäre, die ihn daran hinderten, sondern hier am See zum Beispiel der prächtige Häuptling Tagla Tsering des Distrikts Sangge-ngamo-buk, der über einem Pantherfellmantel silberne Gürtel, mit Türkisen und Korallen verzierte Scheiden für Säbel und Messer trug und auf dem Kopf eine chinesische Seidenmütze. Hedin mußte vom See aus nach Westen, wir auch.

Zuvor aber picknicken wir vor den Salzdünen auf grünen Wiesenkissen, einer Art morastiger, salzstarrender Sofas inmitten friedlich grasender Yaks. Der Terinam Tso liegt auf einer Meereshöhe von 4684 Metern. Ich blinzle in den grellweißen Himmel. Da fällt ein Schatten über mich. Mit Strohhut und Strizzitäschchen steht Cheng vor mir. Er hat sich fein gemacht für ein Erinnerungsfoto und schaut aus wie eine Lady am Strande von Brighton.

Nomadenmarkt in Gaitse: Umschlagplatz für Wolle, Gerste und die neuesten Nachrichten ▷

In Tibet liegt nicht nur der Nabel, sondern auch der absolute Arsch der Welt. Er heißt Gaitse. Eine Siedlung aus Lehm mitten in der Wüste, eine volksrepublikanische Karawanserei. Um die Festungsmauern pfeift wild und stürmisch der Wind, die Fenster der Spelunken sind an den Ritzen mit Zeitungspapier und Mehlpapp verklebt. Vor den Mauern liegt meterdick der Müll. Tierschädel, Fellfetzen, abgehackte Pfoten, zersplittertes Glas, Flaschen, Dosen, Lumpen, Scheiße, ein verkohlter Sprengsatz, Seilreste. Dazwischen stochern magere Hunde herum, die bei Einbruch der Dämmerung erschossen werden, wenn die hier stationierten Soldaten ihr Geheul nicht mehr aushalten. Vor den Hügeln in der Ferne lagern Nomaden, denn in Gaitse werden Felle und Schurwolle ihrer Herden eingesammelt.

Unser Road House, die Truckdriver-Station, ist lausig wie überall: ein stinkiges Loch mit verschrammten Eisenbetten, ein ramponierter Tisch, trübe Fenster, dreckige Decken, ein rostiger Kanonenofen gegen die bittere Kälte der Winternächte, eine zerschlagene Emailschüssel zum Waschen. Auf den grauen Straßen des grauen Ortes eine Handvoll Menschen, die im Sturm schräg an den Telegrafenstangen entlanggehen. In eigens dafür errichteten Mauergevierten Nomadenzelte, Wollbündel, hochaufgestapelt. Ab und zu stiebt ein Lastwagen vorbei. Dann fliegen riesige Raben auf vom Aas, und die gefesselten Pferde schrecken schwerfällig zur Seite.

Die Nomaden tauschen die Wolle gegen Gerste, die hier oben nicht mehr wächst. Sie wird in kleine Säcke eingenäht und den Schafen paarweise über die geschorenen Rücken gelegt.

Natürlich ist auch in Gaitse eine Garnison. Heute abend ist im Kasernenhof ein Spektakel zu erwarten. Eine große Leinwand wurde im Freien aufgespannt, und Beat spielt mit Reinhold vor ihr heldenhafte Schattenrisse. Am Abend gibt es ein Zusammenlaufen der Leute mit Klappstühlen, und aus der Wüste kommen frischgewaschene Jeeps und viele ziemlich kaputte Typen. Alle setzen sich im Hof unter die aufgehenden Sterne, mit den Rücken zur Leinwand und den Gesichtern zu einer Hauswand mit zwei Fenstern und einer geschlossenen Tür. Wir denken schon, das wird eine politische Ansprache, als sich schließlich die Fenster öffnen und in ihnen etwas viereckiges Schwarzes auftaucht. Es wird aufgeklappt, und darin erscheinen Videobildschirme. Heute abend gibt's Kung-Fu. Beat sitzt auf dem Kühler eines Jeeps aus der Wüste, und aus dem Innern erklingt der Donauwalzer und verweht im Dunkel der Nacht.

Schurle ist davon besessen, einen Gsi-Stein zu kaufen, einen jener geheimnisvollen Achate mit Augen- und Mäandermustern, von denen die Tibeter sagen, daß sie vom Himmel gefallen sind und die sie als Symbol des Lebens um den Hals tragen. Auf dem Markt – oft finden sich die Waren nur lässig auf alte Bettgestelle geworfen – haben auch hier die Händler aus Kham das Sagen. Schurle fragt einen betrunkenen, in ein Würfelspiel vertieften Khampa nach dem Stein seiner Träume. Der Spieler nimmt ein dickes Bündel von Banknoten und streicht damit gegen den Strich durch Schurles grauen Bart. Damit ist der Fall erledigt.

Begegnungen – wirkliche Nähe – gibt es nicht auf dieser Reise. Es ist mehr ein schwebendes aneinander Vorübergleiten. Man geht aufeinander zu, man betrachtet sich aufmerksam, man betastet sich gegenseitig, wortlos, und zieht weiter. Wie zwei Wolken.

24. Juli, Gaitse–Geiji, 370 Kilometer

Chrigl hat notiert: »Riesige Hochtäler auf etwa 4500 Metern, umgeben von Bergen zwischen 5000 und 7000 Metern, wenig bis kein Wasser, selten Bäche.

Optische Täuschungen. Man glaubt hinunterzufahren, dabei fährt man hinauf (Höhenmesser). Wenn Bäche, meint man, sie fließen aufwärts.« Fast 400 Kilometer an einem Tag, so geht das bei uns. Vorbei an den schönsten Salzseen, vorbei an Yakkarawanen mit Salzlasten. Es ist eine Gnade, daß sich auf diesen Distanzen Bilder immer wiederholen, wenn sie nicht lange anhalten.

In Geiji klettert Reinhold auf den steilen Felswänden hinter dem Nachtasyl herum. Dann schreibt er in sein Tagebuch: »Ich gehe mit Uschi zu den Nomaden am Fluß. Eine Alte bittet uns zu sich ins Zelt. Unverkennbar führt sie das Regiment hier. An ihrem Gürtel hängen Schlüssel für die Vorratskisten, sie gibt Befehle. Wir sitzen um die Glut des Feuers, trinken Buttertee und Yoghurt aus Ziegenmilch. Unter der verrauchten Yakhaarplane steht ein kleiner Hausaltar. Die Alte mischt in einer Schüssel Buttertee mit Trockenmilch, dann ruft sie ihr Lieblingsschaf. Es trinkt aus der Schüssel und schaut uns dabei an. Dann begleitet uns die Frau in unsere Herberge. Sie bekommt ein Bild vom Dalai Lama. Sie streicht sich und ihrem Enkelkind damit über den Kopf und läßt es dann in ihrem Kleid verschwinden.«

Weideland zwischen 4000 und 5000 Meter Meereshöhe: Ponyherde …

… Yakkarawane mit Salzlasten

25. Juli, Geiji–Shiquanhe–Menshe, 349 Kilometer

Furchtbare Fahrerei von Geiji nach Shiquanhe, die stadtgewordene Trostlosigkeit. Gun City um 12 Uhr mittags. Aber es gibt hier das sympathische, von oben bis unten in Fett gehüllte »Snow-Flower-Restaurant«, in dem gleichzeitig Süßigkeiten über die Straße verkauft werden.

In der Mittagshitze hänge ich in den staubigen Straßen herum. Ständig denke ich, ich falle um. Eine Krankheit hat mich erwischt, im wahrsten Sinne des Wortes. Ich bin bis zur Unkenntlichkeit verschwollen und will sterben. Die anderen packen mich ins Stübli. Ich vergrabe mich mit klappernden Zähnen im Schlafsack und lasse mich bis zum Zeitpunkt meines Todes durch die Gegend rattern.

Nie war die Straße schlimmer. Wie ein einziges zerwühltes Flußbett, Stunden um Stunden geht das so.

Das »Snow-Flower-Restaurant« in Shiquanhe

In der Garnison von Menshe steht ein zersplittertes Glashaus vor dem endgültigen Zusammenbruch. Über meinem Feldbett reitet ein chinesischer General durch Lotusblumen. Im Halbdunkel der einbrechenden Nacht spielen zwei Soldaten Korbball auf dem Hof. An einer Mauer lehnt ein kanadisches Pärchen. Sie sind bei Purang aus Indien über die Grenze gekommen und wollen nun nach Lhasa trampen. Oft warten sie tagelang auf einen Laster, der sie bis zur nächsten Karawanserei mitnimmt. Und ihr Permit gilt nur für die Provinz Ali. Es ist wie in Lhasa: Sie zahlen 5 Yuan pro Nacht, wir 240 für die gleiche Unterkunft. In der Kantine hängt ein riesiges Mao-Bild über den Tischen. Mao ist mit einer Kata geschmückt, einer tibetischen Glücksschleife, wie man sie auch Buddhas umhängt.

An einem hühnerstallähnlichen Häuschen, der Funkzentrale von Menshe, hängt ein hölzerner blauer Briefkasten, der mit einem Vorhängeschloß versperrt ist. Er sieht so schicksalsträchtig aus, daß ich einen mir sehr wichtigen Brief einwerfe. Wenn er ankommt, hat das Orakel entschieden.

Beat hat es auch erwischt: »Abends hatte ich Fieber und ging sofort nach Ankunft mit Antibiotika schlafen. Ich sagte mir immer ein buddhistisches Sprichwort vor, so ungefähr: Mach dich frei von Lebensgier und Dünkel, von Unwissenheit und der Zerstreuung Wirrsal. Zerreiß die Bande, nur so erreichst du wirklich das Ende der Pein. Wirf von dir die Ketten von Geburt und Tod, du weißt, was sie bedeuten, und so befreit von Verlangen wirst du im Erdenleben ruhig und heiter ziehen deines Weges.

Und immer fehlte mir ein Wort.«

26. Juli, Menshe–Manasarovar, 64 Kilometer

Erwartungsvolle Aufbruchstimmung, denn heute fahren wir keine Etappe – heute kommen wir an. Wir werden am Manasarovar-See schlafen und vielleicht den Kailas sehen. Ich bin ganz aufgeregt, die anderen auch. Aus den Zelten der Nomaden steigt der Rauch senkrecht in die klare Luft, grüne Wiesen, friedlich grasende Yaks.

Unterwegs treffen wir nur einzelne Gestalten, ganz und gar unantastbar. Ein Hirte, unbeweglich inmitten seiner tausend Schafe. Allein reitet ein Mann von Horizont zu Horizont unter den vorbeiziehenden Wolkenschatten. Hier ist die Zeit ein Teil der Ewigkeit.

Je näher wir unserem Ziel kommen, desto stärker schieben sich dunkle Monsunwolken von Nepal her auf uns zu. Die Berge sind verhüllt. Die Weideflächen von Darchen (Sven Hedins Tartschen) sind mit einem Gewirr von Wasserläufen überschwemmt. Wir queren ein paar Flüsse und sind da:

»Schon die erste Aussicht, die ich jetzt von den Uferhügeln hatte, ließ mich vor Freude über die wunderbare, großartige Landschaft und ihre überwältigende Schönheit in Tränen ausbrechen«, schrieb Sven Hedin am 26. Juli 1907 in sein Tagebuch. »Der eirunde See, der im Süden ein wenig schmäler ist als im Norden, liegt wie ein ungeheurer Türkis in der Einfassung zweier der herrlichsten Bergriesen der Erde, des Kailas im Norden und des Gurla Mandatta im Süden, zwischen den gewaltigen Ketten, über denen die beiden Berge ihre Scheitel von blendend weißem, ewigem Schnee erheben.«

Schafhirte unterwegs: allein von Horizont zu Horizont

Folgende Doppelseite: Manasarovar-See, Messner-Zelt · Kleine Fluchten vor den Zwängen der Gruppe

Heute ist der eirunde Türkis mitsamt seiner spektakulären Einfassung von tiefliegenden Monsunwolken eingehüllt, die langsam hell wie Milchglas werden. Und dann sitze ich am heiligsten See der Welt und füttere die Fische mit Parmesan. Sie haben rötliche Flossen und schiefergraue Schuppen, die ersten Fische in der Geschichte des Manasarovar-Sees, die Parmesan essen. Auch sie sind heilig, niemand darf sie töten, und wenn sie von den wilden Stürmen an Land geworfen werden, lesen sie die Pilger auf und trocknen sie und benutzen sie zur Heilung von allerlei Krankheiten.

Sanfte Wellen spülen Tang an den Uferkies, zwischen zwei Holzstangen sind Schnüre mit Gebetsfahnen gespannt, durch die der Wind streicht. Über die ockergelben Hänge, hinter denen der Gurla Mandata stehen muß, zieht eine Yakherde mit zwei Hirten. Wenn ich die Augen schließe, kann ich hören, daß die Höhe – wir sind auf 4450 Metern – einen Ton hat. Einen gleichbleibenden, gläsernen Ton.

Etwa 300 Meter landeinwärts steht im gelben Sand ein halbverfallenes Rasthaus für Pilger, mit offenen Türen, eingeschlagenen Fenstern, die Räume von Ziegen verschissen. Wir haben die besten zwei Räume ausgemistet und auf Brettern und Pappkarton unsere Schlafsäcke ausgebreitet. Beat ist noch immer ziemlich krank und liegt bleich unter der päonienroten Seidendecke mit den königlichen Drachen, die er in Lhasa gekauft hat. Auch Schurle hat Fieber, das kann ich an den Augen sehen. Er aber sagt nichts. Reinhold hat ein Zelt ganz für sich allein am Strand aufgestellt, da sitzt er drin, der Milarepa des 20. Jahrhunderts, mit seinem Walkman und Kris Kristofferson und sortiert seine Ausrüstung. Chrigl ist mit den Kameras unterwegs, eines Tages werden ihm aus den Augenhöhlen zwei Nikons wachsen, das ist sicher.

Die Chauffeure, der Offizier und der Dolmetscher wollen erst nur unsere staubverkrusteten Küchenutensilien im See waschen, steigern sich dann aber in eine ungeheuerliche Waschorgie, bei der alle ihre Kleider, sie selbst, die Autos, überhaupt alles, was sie erwischen können, in den heiligen Wassern eingeseift wird. Dann kaufen sie einen Hammel aus einer vorbeiziehenden Herde und schlachten ihn mitten in dieser heiligen Gegend.

◁ Besucher am See: wilde Gesellen und fromme Pilger

27. Juli, Manasarovar

Eigentlich wollte ich mit dem Schlafsack am See schlafen, unter freiem Himmel, ganz nah an den Wellen und den Sternen. Aber der Monsun ist die ganze Nacht über voll auf unsere Lehmhütte gerauscht. Lehmbrei tropfte auf die Schlafsäcke. Ein Ort des Schrekkens. Auch mich hat das Fieber wieder gepackt, wie ein Tier geschüttelt, und jeder Knochen, jeder Zahn, jedes Haar wurde zum Quell von Schmerzen. Mein Gesicht brannte wie Feuer, während sich immer wieder der Kailas drohend vor mir aufbaute und ich wieder und wieder in seinen Schneemassen versank. Dann kam ein gewaltiger Sturm und fegte mich hinweg, immer weiter weg, über eine weiße, weite Ebene, und während ich vom Sturm fortgetragen wurde, sah ich, daß die Sterne feuerrot und rund waren.

Am Morgen frühstücken wir bleich in den Schlafsäcken und sehen durch die Fensterscheiben unseres Lagers, daß sich der Regen allmählich beruhigt. Die Männer packen für den Kailas. Ich male Beat das tibetische Zeichen für *hum* (die letzte Silbe der Meditationsformel *om mani padme hum)* auf die Daunenjacke. Ab und zu taucht ein rußgeschwärztes Gesicht am Fenster auf, ein Hirte oder ein Pilger oder mehrere auf einmal, um sich die fremdartigen Bleichgesichter anzusehen, die da herumrumoren. Schurle gibt allen reichlich von unseren Vorräten, und wenn einem was fehlt, verarztet er ihn. Sehr schön sind diese Männer hergerichtet: große Filzhüte, Zöpfe, unter einem Gürtel mit Dolch gefältelte Jacken, ein Ärmel angezogen, der andere am Boden nachschleifend.

Wir faulenzen auf unserem Lager herum, trinken heißen Whisky und quatschen über alles mögliche, bis ich in einen gemütlichen Halbschlaf versinke. Mittags hört es auf zu regnen, und wir stehen auf von unserem Schmerzenslager, weil wir wissen, daß wir sonst keine Chance haben, je um den Kailas herumzukommen. Noch immer haben wir ihn nicht gesehen. Also wandern wir auf die Anhöhen vor dem Gurla Mandata. Immer wieder drehen wir uns beim Gehen um, aber im Nordosten gibt es nur schwere graue Wolken. Nach einer Stunde bricht die Wolkenwand, und auf einmal steht er da: hoch und scharf geschnitten. Sehr schön und sehr weiß. Ja, weiß. Der Berg versinkt im Neuschnee. Da kommen lausige Zeiten auf uns zu. Shivas Symbol, der Phallus. Wir schauen uns an und sagen nichts, aber alle – Reinhold ist nicht mit uns unterwegs – haben Schiß vor den kommenden Tagen. Es gibt keine Berichte von Kailas-Abenteuern, in denen nicht irgendwo auf einem Paß eine Leiche gefunden wird oder zumindest jemand gerade im Sterben begriffen ist. Sehr steil sieht er aus, und er hat waagrechte Stufen im Fels, die mit Eis überzogen sind. Ich stelle mir vor, ich muß da drei Tage lang entlangbalancieren, und mir wird ganz schlecht.

Wenn ich Angst habe, schaue ich einfach auf den See. Ein Wildentenpärchen läßt sich von den Wellen schaukeln, immer wieder schrecken Hasen vor uns auf, aber sie laufen dann nicht davon, sondern setzen sich auf die Hinterläufe und betrachten uns ganz genau. Im Tal treibt ein Hirte seine Schafe ans Ufer zum Saufen. Frieden.

Am Abend kommen Pilger aus Nepal vorbei. Ein Ehepaar mit Kind und einem Pferdchen, die Heilige Familie auf Wanderschaft. Alle vier – auch das Pferd – in den gleichen Farben, einer Patina von Rauch, Wetter und dem Staub der langen Reise. Sie sind seit Wochen unterwegs. Jetzt machen sie sich vor unserer Herberge ein Feuerchen aus getrocknetem Schafmist. Damit es besser brennt, holen sie sich von uns in einer Büchse ein wenig Benzin. Schurle und Beat geben ihnen zu essen, sie haben riesigen Hunger. Dann wickeln sie sich in Felle und schlafen am Rand des Feuers.

Gegen 20 Uhr ist Reinhold reisefertig. Er läßt sich zum Kailas-Basislager fahren und will am nächsten Tag den Weg um den Berg erkunden.

Herberge zwischen Kailas und Manasarovar-See: »Wer ihn sieht, dessen Sünden werden ausgelöscht wie der Tau von der Morgensonne.«

28. Juli, Manasarovar

Nachts ein superklarer Sternenhimmel. Die Schnuppen fallen leicht und sanft hinter den Rand des Sees, hinter das Dach der Welt hinab. Beat ist mit seinem Schlafsack an den Strand gezogen und genießt die Nacht unter freiem Himmel.

Als es Tag wird, gehen wir nach Nordosten, zur Lagune, über der an einem Steilhang das Kloster Tschiu klebt. Reinhold hat dort gestern ein Paar entdeckt, das an den zerstörten Mauern herumbastelt und baut. Ein Mönch-und-Nonne-Paar, sofort entstehen vor meinen Augen tantrische Verschmelzungsakte.

Das Gehen in der dünnen Luft macht high. Jedes Gräschen kommt mir einzeln entgegen, groß und eigenständig, jeder Stein ist ein Kunstwerk aus 1000 Kristallen und Mineralen, jeder Sandfleck eine Wüste. So steigen wir durch Gullivers Welt, die in der heißen Luft vibriert, auf eine Anhöhe. Sie ist 4700 Meter hoch, fast so hoch wie der

◁ Der 7728 Meter hohe Gurla Mandata:
bei den Tibetern heißt er Namo Nani, »Sohn des Sieges«

Montblanc. Schurle hat Dosen mit Chrysanthemensaft aus Peking dabei. Unter uns baden Hirten im See. Um die vorgelagerte grüne Lagune trotten Yaks und Schafe. Die Schreie der Badenden klingen zu uns herauf. Es sind gute Schwimmer dabei. Wir verfolgen die Biegung des Flusses, der vom Manasarovar, dem See des Lichts, zum Rakastal, dem See des Bösen, fließt. Am Fluß stehen zwei Pferche für die Tiere und eine kleine Almhütte. Sie sehen aus, als hätten Kinder sie aus Sand gebacken.

Nach unserer Rückkehr baden wir im See, auch Schurle mit seinem Fieber. Das Wasser hat 13 Grad, er ist verrückt. Nach ein paar Stunden erzählt er uns heiser und halb in Trance lange Geschichten aus seiner russischen Kriegsgefangenschaft und wie er sich mit Typhus und halbtot nach Wien durchgeschlagen hat. Rußland verschmilzt mit Tibet und eine Reise mit der anderen.

Um acht Uhr abends kommt noch ein Reisender. Reinhold ist in einem Gewirr aus Lichtern von Sternen und Taschenlampen mit zahlreichen Pilgern frühmorgens von Darchen aufgebrochen und hat in einem einzigen zwölfstündigen Marsch den Kailas umwandert oder, besser gesagt, umrannt, eine Strecke von 45 Kilometern mit einem Paß von 5636 Metern Höhe. Der erste Weiße seit Sven Hedin, seit Augusto Gansser und Herbert Tichy, die in den dreißiger Jahren heimlich dort waren, und wir werden die ersten seit Messner sein. Er erzählt von viel Neuschnee, von einer heiklen Flußüberschreitung und von einer weiblichen Leiche am Fuße des Passes.

29. Juli, Manasarovar

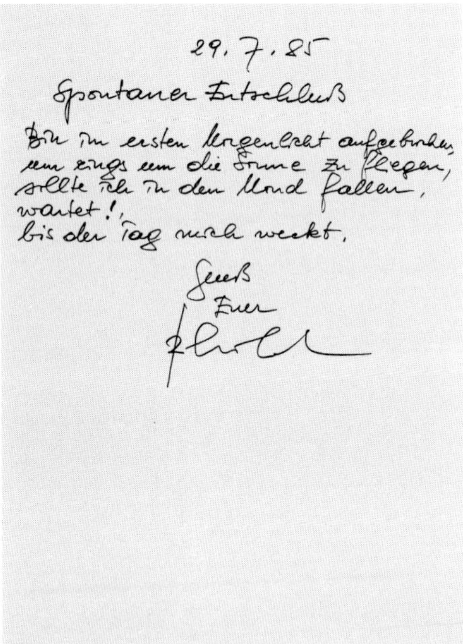
29. 7. 85
Spontaner Entschluß
Bin im ersten Morgenlicht aufgebrochen,
um rings um die Sonne zu fliegen,
sollte ich in den Mond fallen,
wartet!,
bis der Tag mich weckt.
Gruß
Euer

Reinhold erscheint nicht zum Frühstück. Wie wir in seinem Zelt nachschauen, liegt dort ein Zettel:
»*Spontaner Entschluß! Bin im ersten Morgenlicht aufgebrochen, um rings um die Sonne zu fliegen. Sollte ich in den Mond fallen, wartet, bis der Tag mich weckt. Euer Reinhold.*«

Wir haben verstanden. Der schnellste Pilger aller Zeiten rennt jetzt um den Manasarovar-See, ein 80-Kilometer-Marathon.

Schurle liegt mit heißem Whisky und einer Batterie von Antibiotika im Bett, Chrigl betreut ihn und packt und packt, für alle Fälle und für alle Notfälle.

Beat und ich wandern am See entlang nach Südwesten, zur Bucht unter dem Gurla Mandata oder Namo Nani, was auf tibetisch »Sohn des Sieges« heißt. Mit seinen 7728 Metern ist er einer der höchsten Berge Tibets. Wir begegnen mehreren Rebhuhnfamilien, die sich für einen Ausflug zusammengetan haben. Wir sehen fliegende Grillen mit Blumenflügeln und Hasen und riesige Fischzüge, die im See mit dem Sonnenlicht spielen. Das Wasser ist durchsichtig blau bis auf den Grund. Am Hang über dem See klebt wie ein Schwalbennest ein zerstörtes Kloster – Gossul Gompa. Von hier aus haben die Mönche mit entsetzten Augen gesehen, wie Sven Hedin mit einem Boot auf den heiligen Wassern auf sie zukam. Wo doch jeder wußte, daß auf dem Grunde des Sees der Fischgott Madö Gemo wohnte und ihn zu sich herabziehen würde. Außerdem wußten die Mönche, daß der See sich in der Mitte wölbte wie eine durchsichtige Glocke. Der weiße Mann würde ein fürchterliches Ende nehmen. Hedin indessen lotete seelenruhig den See aus und kam auf 81 Meter Tiefe.

Wir klettern zum Kloster hinauf und setzen uns auf einen der ziegelroten Mauerreste und betrachten den See und begreifen, warum die Gompa genau an dieser Stelle gebaut worden ist. Kein

Wandernde Schafhirten …

… im Land der Patina

Gossul Gompa: zwischen zerstörten Mauern …

… neue Götterbilder

spektakulärer Blick mehr auf irgendwelche Berge, hier geht es einzig und allein um den See. Das Kloster ist die optische Achse vor dem flachen, hellblauen Oval. Der See wird zum Gleichnis vollkommener Harmonie, zum Medium für geistige Versenkung.

E. M. Cioran, der rumänische Philosoph, hat gesagt: »Wenn es sich darum handelt, über die Leerheit, die Nichtdauer, das Nirwana zu meditieren, so ist ausgestreckt liegen oder kauern die beste Haltung. Es ist eben jene, in der diese Themen entdeckt wurden. Nur im Abendland denkt man aufrecht. Daher vielleicht der ärgerliche positive Charakter seiner Philosophie.«

Wir sonnen uns zwischen zerborstenen Mauern, an die vorbeiziehende Pilger neue Manisteine, Schieferplatten mit eingeritzten Gebeten und tantrischen Gottheiten, gelehnt haben. Und wir hören Mozarts 3. Violinkonzert. Karajan hat sich immer gewünscht, nach Tibet zu reisen, jetzt ist er hier.

Sven Hedin hat sich auf der Terrasse von Gossul Gompa so sehr in den See verliebt, daß er sich vorstellen konnte, für immer da zu bleiben: »… und endlich, an einem Januartag, wenn die Wassermenge durch und durch abgekühlt wäre und kein Wind in der Luft herrschte, würde ich den Gott des Tso-mavang ein hellklingendes Glasdach über sein grünes Schloß spannen sehen. Winterstürme bestreuten es dann mit weißem Puder und jagten den wirbelnden Schnee in dichten Wolken über das Eis, dessen dunkelgrüne glatte Bahn nur noch hier und da hervorschimmerte. Und an windstillen Tagen läge der See

dann wie eine weiße Ebene tot und einsam unter seinem Leichentuch, und ich säße an der Bahre meines Freundes und sehnte mich nach dem Frühling.«

Auf dem Heimweg wandern wir stundenlang über Höhenrücken, die von Buschwerk gefleckt sind wie riesige Leopardenfelle. Jeder geht für sich, schließlich treffen wir uns wieder am Ufer. Ich spüre, daß meine Kräfte langsam wachsen.

Abends wird der See schwarz wie Tinte. Es weht eine steife Brise. Die Sicht ist klar wie nie seit unserer Ankunft. Mir fällt ein, wie Sven Hedin hier um ein Haar ertrunken wäre. Bei seinen Lotungen hatte er zu spät bemerkt, daß Sturm aufkam. »Nun begann eine Fahrt, wie ich sie auf all meinen früheren Seereisen in Tibet noch nie erlebt habe! Der Sturm schwoll zum Orkan an, unter seinem pressenden Druck wurden die Wellen so hoch wie die Wogen der Ostsee ...« Die Wellen, die seinen kleinen Kahn herumwerfen, erinnern ihn mit ihren Schaumkronen an ewige Schneefelder, und »... wir verschwinden in einer Wassergrotte, die Wände der Grotte sind vom reinsten Malachit und vor uns von Smaragd«. Und die Wellen sind »oben nicht gerade abgeschnitten und erinnern an die Pyramidengipfel des Kubi-gangri, und ihre Spitzen zersplittern im Winde. Sie sind durchsichtig wie Glas, und quer durch die eine hindurch bricht sich das blendend weiße Licht der Schneefelder des Gurla Mandatta wie in einem gewaltigen Vergrößerungsglase.« So schön kann ein Orkan sein und so herrlich enden: »Mit Diamanten in ihren dunklen Haaren herrscht die Königin der Nacht über den heiligen See.«

Die Nacht bricht auch bei uns an, und Reinhold ist irgendwo am See unterwegs. In der Gruppe herrscht Verstimmung. Da haben wir uns so lange gemeinsam durch den Transhimalaja geschlagen, durch Dreck und Staub, und jetzt verbringt Reinhold die Höhepunkte der Reise mit Ego-Trips. Die Gruppe reibt sich am Alleingänger und der Alleingänger an der Gruppe.

Gegen elf Uhr nachts fällt er todmüde in sein Zelt und schreibt in sein Tagebuch:

»Die Idee, unmittelbar nach dem Kailas den Manasarovar-See zu umlaufen, kam mir morgens beim Aufwachen. Ich spürte keine Müdigkeit, stand auf, zog mir nur eine Windbluse und eine Überhose über die dünnen Kleider und ging los. Klarster Sternenhimmel. Rechts von mir das Wasser. Leer, ohne alles, ging ich dahin. Später lief ich. Die Stille ist hier breiter als gestern am Kailas, die Einsamkeit füllt mich angenehm aus. Wie am Kailas fallen mir beim Laufen Gedichte

Kailas, Manasarovar-See: Shivas Wohnsitz spiegelt sich im Reich des Fischgottes Madö Gemo ein. Seen im See, Streifen, Striche. Meine Wahrnehmungsfähigkeit ist unendlich gesteigert, vor allem beim Laufen, wenn mir die Kiesel entgegenkommen, weiße Kristalle, grau mit Silbereinlagen, dazwischen Gräschen und viele, viele kleine Blumen. Von weit her Trommelschläge aus einem Kloster. Ich habe nur einen Becher dabei, um Wasser aus dem See zu schöpfen. Dreimal esse ich bei Nomaden eine Kleinigkeit. Als Bezahlung schneiden sie mir eine Locke aus meinen Haaren. Nicht die Muskeln, die Knie schmerzen. Immer, wenn ich mich von neuem auf den Weg mache, dieses Gefühl, Sand in den Gelenken zu haben. Dann werde ich wieder leicht, laufe, vergesse alles, sehe nichts, höre nichts, fühle nur den Boden unter mir und rechts das Wasser. Ich laufe an sieben Klöstern vorbei, eines wird gerade wieder aufgebaut. Ein alter Mönch, noch einer von früher, sitzt in einer Lehmhütte und betet an eine Trommel schlagend, während draußen etwa zwanzig Männer und Frauen hobeln, mauern, Lehmziegel schleppen. Bezahlt wird alles von der Regierung in Peking. Erste Halluzinationen: Ich sehe drei Menschen kommen, die gar nicht da sind. Ich höre den See atmen und stöhnen wie eine Frau beim Orgasmus. Ein Hund springt mir über die Dünen entgegen. Mein Zelt hüpft hin und her. 22.30 Uhr, ich bin da.«

TIBET-KAILASH-XINKIANG-TRANSVERSALE 1985
Nikon
MIT ZÜRI-WOCHE

30. Juli, Manasarovar–Darchen, 80 Kilometer

Wir brechen auf zum Kailas. Unterwegs gibt es eine Aussprache mit Reinhold, die versöhnlich endet. Im gemauerten Pilgerlager unterhalb des Klosters von Darchen sitzt ein Clan aus Indien, sehr wohlerzogene Leute, die ein gepflegtes Kolonialenglisch sprechen. Der Großvater ist Arbeitsminister von Shandigar. Im September 1981 waren nach über zwei Jahrzehnten die ersten indischen Pilger wieder zum Kailas und Manasarovar gewandert.

Wir stellen unsere Zelte auf. Schurle geht es sehr schlecht, er kann kaum noch sprechen. Wir vermuten, daß er eine Lungenentzündung hat.

Tibetische Pilger und Einheimische gruppieren sich um unsere Zelte, fassen alles an, schauen überall hinein, setzen sich vor die Eingänge wie ins Kino. Die Wohlhabenderen unter ihnen tragen Hosen oder Jacketts mit Nadelstreifen aus Goldlamé. Sie schauen uns an wie Kinder das tun, gerade und ganz genau. Dabei wechseln sie sich beim Schauen ab, weil gar nicht alle auf einmal Platz haben. Aber es gibt da einen Cassettenrecorder mit Armschlaufe, auf den sie anscheinend sehr stolz sind und den einer dem anderen als Prestigesymbol leiht, denn dieser Recorder taucht regelmäßig mit einem anderen Gesicht wieder in der ersten Zuschauerreihe auf.

Ich gehe auch schauen, nämlich in die Nomadenzelte. Dort treffe ich eine Tibeterin, die ein wenig Englisch kann (good, please) und Nepali (chaina, chiso pani). Das hat sie in Kathmandu gelernt, wo Verwandte von ihr wohnen. Dann finde ich einen jungen, wolligen Hund und nehme ihn mit in mein Zelt. Ich füttere ihn und erzähle ihm allerlei Geschichten und hoffe, daß er mir um den Berg herum nachläuft. Chrigl verfüttert Speck an seinen flauschigen Bruder.

Das Nachtessen wird im Wohnraum des Verwalters Dorje serviert, der das Pilgerlager beaufsichtigt. Als Tisch dient eine Holzkiste. Auf ihr steht ein Radiorecorder mit viel Metallic und einer aufgeklebten Uhr aus Pappe. An der Wand hängt ein Frotteetuch mit der Gebirgslandschaft von Quilin. Daneben eine Marie-Antoinette im schwarzen Federhut aus einer Illustrierten. Den Wänden entlang auf dem Boden Matratzen, auf denen tibetische Teppiche liegen. Wenn wir aus dem Fenster schauen und über die Mauer der Herberge, sehen wir dahinter ein großes Meer aus Wolken, aus dem der Gipfel des Gurla Mandata ragt wie die Insel der Seligen.

Darchen: Pilgerlager am Fuße des Kailas

Ab und zu treibt ein Hirte seine Herde zum Lager, um zu sehen, was es Neues gibt. Dann stehen sie und schwatzen und schauen und kneten dabei winzige Felle von neugeborenen Lämmern zwischen den Händen. Diese Fellchen sind beliebt als Mantelkrägen.

Von der Umrundung des Berges kommen abenteuerliche Gestalten zurück. Alte Weiber mit Babies auf dem Rücken, dünne Kinder mit Fellen und Regenschirmen als Gepäck, ein Priester im orangefarbenen Brokatmantel, auf dem Kopf eine Art seidene Pagode und auf den Rücken einen silbernen Reisealtar gebunden, auch eingeölte wohlduftende Inder mit Frauen im Dhoti und Sandalen. Die Sandalen beruhigen mich ungemein. Vielleicht ist der Weg gar nicht so schwierig.

Schurle ist noch immer sehr krank. Jeder von uns weiß, wie verzweifelt er wäre, wenn er es nicht schaffen würde, wenn er »ohne Kailas« nach Hause führe.

Reinhold ist davon überzeugt, daß Schurle jetzt einen Gsi-Stein braucht, einen von diesen lebenspendenden Wunderachaten, nach denen Schurle schon seit Beginn der Reise überall vergeblich gesucht hat. So ein Stein wird ihm neuen Mut geben. Für 1000 Yuan und nach schwierigsten Verhandlungen vor der Klostermauer, bei denen die ganze weitläufige Familie dem Verkäufer beisteht,

Kailas-Pilger: eine Umrundung des Berges erspart eine Wiedergeburt

Gläubige aus Tibet und Nepal ▷

bekommt Reinhold ihn schließlich. Zuvor aber entblößt der ehemalige Besitzer seinen Oberkörper, reibt die Haut von Leib und Armen überall mit dem Stein ab, gibt ihn Reinhold und bricht in Tränen aus. Ein Khampa – wir haben kaum je etwas gekauft, ohne daß ein Khampa dabeigewesen wäre – zieht aus seinem roten Kopfschmuck einen Faden und reiht daran von Reinhold schon zuvor erhandelte Korallen und Türkise und dazwischen den Gsi. Auch Schurle ist den Tränen nahe, als ihm Reinhold den Stein um den Hals legt.

Der Vollmond steht über der Ebene, die Nacht ist schwarz und weiß, und mit langen Schatten tauchen immer noch müde Pilger auf. Von den Mauern am Kloster ragen Yakschädel mit ihren spitzen Hörnern wie Scherenschnitte in den Himmel. Ich schlafe nicht, bin zu aufgeregt wegen morgen. Im Mondlicht sieht Darchen aus wie ein Lager Dschingis Khans mit all den spitzen weißen Zelten. Hunde heulen und der Fluß rauscht und die Ebene schweigt.

Darchen: Aufbruch vor Sonnenaufgang
Nobel-Pilger in Darchen: Lama mit Brokatmantel und Seidenhut

31. Juli, Kailas, 1. Tag

Gegen 9.20 Uhr sind wir von Darchen aus aufgebrochen, mit drei Yaks und zwei Treibern für unser Reisegepäck. Erst etwa eine Stunde lang leicht bergauf, parallel zur großen Ebene, bis sich rechts ein großes Flußtal öffnet, das zum Kailas führt. Vorbei an einem großen Tschorten. Auf grünen Weiden grasen dort Schafe und Pferde; reitende Hirten, Schafe als Tragtiere. Zwei tragen Zeltstangen, die von ihren Körpern abstehen wie Banderillas von Kampfstieren. Tschorten über Tschorten säumen den Weg, Mani-Mauern oder Steinmänner aus Bachkieseln, eindeutig Penisnachbildungen. Unter der linken Hälfte der Südseite des Heiligen Berges steht eine Gebetsfahne, groß wie ein Baum, mit Eisenketten verankert. Die Hirten treiben ihre Schafe im Uhrzeigersinn um sie herum. »Weil sie nicht selbst beten können und ihre Zukunft nicht kennen«, erklärt mir später Dorje, der Basislager-Verwalter, dieses Tun.

Dann verengt sich das Tal mit schluchtartigen roten Konglomeratwänden, die sich unterm Kailas zu phantastischen Tiergestalten auftürmen. Dazwischen immer wieder spektakuläre Blicke auf die Gletscher- und Felskaskaden des Heiligen Berges selbst. Im Flußbett kriecht wurmähnlich ein Mann durch den Kies, wie eine winzige graue Raupe schiebt er sich demütig weiter. Was sind das für schreckliche Götter, vor denen man so kriechen muß? Zwei Burschen aus Lhasa mit Jeans und Matchsack gehen eine Weile mit uns. Der eine schenkt mir ein Karamelbonbon.

Pilgerweg am Kailas: riesige Konglomeratwälle verbergen den Heiligen Berg

Pilgerin mit Opfergaben am Fuße des Kang Rinpoche

Eine junge Frau sitzt mutterseelenallein an einer Stelle, von der aus sie den Kang Rinpoche besonders schön sehen kann, und hat vor sich im Geröll viele Schälchen mit Opfergaben ausgebreitet. Mit Glöckchen und Gebeten gibt sie sich Ritualen hin, die Tage dauern können. Um sie herum stehen steinerne Riesentiere aus Konglomerat, aus zwanzig Millionen Jahre altem Meeresgrund: Elefanten, Nashörner, Pferde, Dinosaurier.

Nicht weit vom Betplatz der Frau steht ein Stein in Sattelgestalt, glattpoliert von Tausenden von Schenkeln. Die Pilger setzen sich für einen Augenblick auf ihn, viele kleben etwas Yakhaar oder Schafwolle an seine Vorderseite. Auch dafür sagt mir Dorje später den Grund: »Wenn ein gläubiger Buddhist ein Tier schlachtet, so weil es

◁ Von Schafen umkreiste Gebetsfahne:
»... weil sie selbst nicht beten können und ihre Zukunft nicht kennen«

alt ist und er sein Fleisch braucht, aber nicht aus Lust am Töten. Er opfert am Sattelstein Haare, um dem Tier eine gute Zukunft in seinem nächsten Leben zu wünschen, und aus dem selben Grund bekommt auch immer das nächstliegende Kloster etwas vom Geschlachteten.«

Nach sechs Stunden erreichen wir unser erstes Nachtlager, ein weißes Baumwollzelt, in dem Pilger für ein kleines Entgelt schlafen können. Da gibt es sogar Matratzen am Boden und Decken.

Wir sind auf 4800 Metern Höhe. Schurle war zäh wie ein Maulesel und hat den Tag gut überstanden. Chrigl, der noch nie in solchen Höhen war, geht leicht und lässig, obwohl er Kettenraucher ist.

Vor den Zelten liegen im Mondlicht wiederkäuend unsere Yaks. Es ist bitterkalt. Ich höre die ganze Nacht den Fluß.

In den bizarren Konglomeratsformen
des Kailas sehen die Tibeter symbolträchtige Fabeltiere ▷

Kailas-Umrundung, 2. Tag: ein Meer von Phallussymbolen

1. August, Kailas, 2. Tag

Um 6 Uhr morgens ist der Vollmond hinter den Bergen verschwunden und die Sonne noch weit. Schurle macht uns Kaffee aus Tee, er bringt die Dinge noch ein bißchen durcheinander. Er hat glänzende Augen und ist noch immer fast stumm, aber da Indianer keinen Schmerz kennen, wird auch Schurle weitergehen.

In der Morgendämmerung gehen wir los, und bald tut sich eine Schneise auf in den Konglomeratwällen, und wir sehen den Kailas in voller Länge von seiner Nordostseite. Ich gehöre im allgemeinen nicht zu den Leuten, die sich ständig für jeden Berg begeistern, etwa weil er hoch oder schwierig zu besteigen oder heilig ist. Aber der Kailas ist von hier aus so schön, daß es einem heftige Stiche versetzt. Wir machen Polas für Dorje, den Verwalter im Basislager, aber sie werden nichts. Das Licht ist noch zu trüb.

Dann kommt der Fluß. Ein Mordsgetöse von zu Tal schießenden Wassern. Reinhold führt mich geduldig an der Hand, und wir hüpfen von Steinklotz zu Steinklotz über die gurgelnden Fluten. Die Steine sind verglast mit Eis. Beat fliegt ins Wasser, mit ihm Chrigls Kamera. Mehr kann ich nicht wahrnehmen, ich springe und atme aufgeregt durch und springe von neuem.

Dann geht es aufwärts, die erste Geröllstufe zum Paß, mit 5636 Metern dem höchsten Punkt der Reise. Pilger mit Holzbrettchen auf den Handflächen – sie sind an Leinenhandschuhe genagelt – und mit dicken Fellschürzen bekleidet recken die Arme stehend nach oben, knallen die Brettchen zusammen, gehen auf den Schürzen in die Knie und rutschen mit den Brettchen nach vorn, bis der ganze Körper und die ausgestreckten Arme am Boden liegen. Dann gehen sie wieder in die Knie, stehen auf, gehen bis zu dem Punkt, an dem ihre Handflächen gelegen haben, und das Ganze geht von vorn los. Eine solchermaßen durchgeführte Runde um den Berg spart dreizehn Wiedergeburten. Reinhold sagt, die reformierten Buddhisten, die dem Lamaismus angehören, gingen im Uhrzeigersinn, die unreformierten Pilger hingegen, die noch der animistischen Bön-Religion anhängen, gingen umgekehrt. Auf jeden Fall stelle ich fest, daß sich die am Boden Kriechenden immer gegen den Uhrzeigersinn bewegen, hier wie in Lhasa.

Gegen Ende der »ersten Stufe« ein »heiliger Platz«, eine ebene Stelle, auf der Kleiderhaufen herumliegen, Fellreste, alte Schuhe. In der Mitte liegt eine tote nackte Frau mit aufgeschnittenem Bauch, die Eingeweide sind herausgenommen. Ihr Körper ist teil-

weise mumifiziert, an den Unterschenkeln und Füßen aber ist die Haut noch ganz hell. Oberarme und Schenkel sind von einem Messer aufgeschlitzt. Wir denken erst, die Frau ist an dieser Stelle vor Erschöpfung gestorben, aber das ist ein Irrtum. Dorje erzählt mir nach unserer Rückkehr, daß es am Kailas vier Stellen für »Himmelsbestattungen« gibt. Man trägt die Leichen dorthin, zerstückelt sie und überläßt sie den Geiern.

»Die arme Frau hier ist irgendwo im Tal gestorben. Ihre Angehörigen haben sie heraufgetragen, wußten aber offensichtlich nicht, wie man den Körper fachgerecht zerteilt, oder aber fanden niemanden, der es für sie getan hätte. So liegt sie nun da und vertrocknet langsam. Die Geier holen nur zerhacktes Fleisch.«

Ich sehe mich verstohlen nach Schurle um. Er summt mit seiner rostigen Stimme, ist sehr bleich und geht mühsam weiter. Die Leiche hat er mit medizinischem Auge begutachtet. Wir erklimmen die »zweite Stufe«. Wieder ein seltsamer Stein, diesmal dicht beklebt mit Menschenzähnen und Menschenhaar, dazwischen Geldscheine und silberne Teebecher. Die Stufe zieht sich hin. Dann aber steht im Gegenlicht ein ganzer Garten von Steinmännern, Mini-Kailasse, Tschorten und Phalli.

Nach der Stufe ein riesiger Monolith, in den die Pilger mit Steinen uralte Löcher vertiefen, jeder reibt ein wenig, Tausende von Jahren lang. Oben glänzt er von geopferter Butter. Jetzt muß man sich schon umsehen, wenn man den Kailas sehen will.

Dann Kriechsteine im Geröll, die Sven Hedin sehr anschaulich beschrieben hat. Hedin war im September 1907 um den Kailas

Mumifizierte Leiche: mißglückte »Himmelsbestattung«

herumgeritten, was »nicht gilt«, das heißt, Hedin muß genausooft auf die Welt kommen, als wäre er nie hier gewesen: »An einem flachen Granitblock von kolossalen Ausmaßen bleibt unser Alter stehen und erklärt, daß dies ein ›Dikpa-karnak‹, ein Prüfstein für Sünder sei. Unter dem Block läuft zwischen ihm und der Erde ein dünner Tunnel durch. Wer ohne Sünde ist oder wenigstens ein gutes Gewissen hat, kann durch den Gang kriechen, wer aber in der Mitte steckenbleibt, ist ein Schurke! Ich fragte den Alten, ob es nicht vorkommen könne, daß ein magerer Schuft sich hindurchwinde, während ein dicker, guter Kerl im Gang steckenbleibe, aber er erwiderte sehr ernsthaft, die Dicke habe nicht das geringste bei der Probe zu bedeuten, sondern der Erfolg hänge ganz allein von den seelischen Eigenschaften ab.« Hedins Begleiter Ische kriecht eilfertig unter den Stein, bleibt stekken, und Hedin amüsiert sich. Ische wird an den »Hinterbeinen« wieder herausgezogen, und der Alte erzählt, daß man einmal eine Frau buchstäblich habe ausgraben müssen.

Schurle geht es schlecht. Er macht inzwischen wirklich einen Bittgang. Er schimpft sich einen Jaguar-Stenzen – nach seinem Lieblingsauto, einen Kronenhallen-Hirsch – nach seinem Lieblingsrestaurant, kurzum, er möchte sich ständig ohrfeigen für seine Lebemannvergangenheit, weil ihm jetzt hier so elend ist. Er schlägt mit seinen Skistöcken, die längst zu Krücken geworden sind, um sich und bereut jede jemals gelebte Sekunde von Völlerei und Besäufnis in seinem damit nicht gerade karg ausgestatteten Leben. Er vergißt, wie krank er ist, er vergißt, mit welchen Bombern von Medikamenten er seinen Körper beschossen hat. Und er schleppt sich grimmig weiter.

Mani-Mauer mit Yakschädeln

Rituale unterwegs: dieser Stein muß mit der Stirn berührt werden

An der »dritten Stufe« ist uns Reinhold weit voraus und inzwischen außer Sicht. Ich gehe allein, und es geht mir gut. Ich habe schließlich den Fluß hinter mir, mich kann nichts mehr schrecken. Dann kommen die Boys von der Zürcher Goldküste. Die machen heute alle drei Höhenrekord. Wir überschreiten – und es geht wirklich steil und anstrengend aufwärts, wenn auch technisch absolut unschwierig – die 5000-Meter-Grenze. Es wird ekelhaft heiß, und der Weg ist noch weit. Hinter jedem Geröllrücken schwingt sich ein neuer in die blauen Höhen. Ich kenne das, es ist genau das, was ich an den Bergen so hasse, daß es immer ohne Ende weitergeht. Der Berg ist immer stärker als man selbst mit seinen langwierigen Wiederholungen von mühseligen Steigereien, faßt man noch einmal Mut und geht weiter, dann kommt bestimmt der nächste Felsaufschwung oder die nächste Hangfältelung.

Wir gehen vorbei an einem riesigen Fußabdruck Buddhas und weiter hinauf, da tauchen plötzlich Gebetsfahnen auf. Gebetsfahnen, wie ich sie noch nie im Leben gesehen habe: Von einem hausgroßen Steinblock strecken sich in alle Richtungen Seile auf den toten Gletscher wie Spinnenbeine. Sie sind behängt mit Tausenden von Stoffetzchen, es sieht aus wie das Karussell eines Lumpenhändlers, es ist gewaltig. Und vor allem: Dahinter ist nichts mehr als blauer Himmel. Ich bin oben. Und in diesem Augenblick bin ich wirklich glücklich. Unsere Yaktreiber kommen mit den Tieren, und dann erscheinen die anderen, vor allem, es erscheint Schurle. Schurle hat es geschafft, er ist glücklich, ich bin glücklich, alle sind glücklich und fotografieren einander mit glücklichen Augen. Das ist der Moment für die Yaktreiber. Sie wollen Polas von sich und dem Stein, Arm in Arm, getrennt und mit dem Kailas-Gipfel im Hintergrund. Eben

Kriechsteine: große Sünder bleiben stecken

kommen neue Pilger, auch sie wollen Polas, die Knipserei nimmt kein Ende.

Eine Pilgerin bringt Chrigl einen Objektivdeckel, den er unterwegs verloren hat. Wir schenken ihr als Dank einen Topf voll »Beurre gourmet«, auf solchen Reisen sehr zu empfehlen. Sie schmiert sich ein Klümpchen Butter auf die Stirn und wirft eines für die Geister hinter sich.

An den schmierigen Wänden des großen Felsens am Paß kleben Geldscheine, Tierlocken, Menschenhaar, Butter, Münzen, Zähne. Beat hat eine Münze von einer Freundin dabei, die er sorgfältig festdrückt. Die Pilger umrunden den Felsen, kriechen dabei unter den Gebetsfahnenseilen hindurch und werfen sich vor dem Kailas immer wieder flach auf den Boden. Ansonsten sind sie sehr vergnügt und unterhalten sich blendend. Reinhold haut ab, er hat uns gut nach oben gebracht, jetzt will er sich ein wenig austoben.

Wir rasten etwa eine Stunde und beginnen dann mit dem Abstieg. Wir müssen heute noch weit gehen. Der Anfang ist unangenehm und steil über graues Geröll. Dann kommt ein kleines Gletscherfeld mit einer ekelhaften Spalte. Die Yaks haben die Nase voll und nehmen die Direttissima über Stock und Stein. Immer wieder kommen uns Pilger entgegen. Es geht hier wirklich zu wie in Altötting. Alle sind gut aufgelegt.

Höchster Punkt der Reise: Gebetsfahnen am Dolma-La-Paß auf 5636 Metern über dem Meer

Unten angekommen, geht es einen Fluß entlang endlos talauswärts. Wir sehen Pilger, die sich aus Brennesseln eine Art Suppe bereiten. Auch Milarepa, der hier als Eremit gelebt hat, hat sich hauptsächlich von Brennesseln ernährt, was ihm zu der grünlichen Farbe verhalf, mit der er meist dargestellt wird. Sie erinnern sich, Milarepa ist der Erstbesteiger des Kailas. Es ging damals, im 12. Jahrhundert, um ein spirituelles Duell. Milarepa, der größte aller tantrischen Buddhisten, und Naro-bochung, der größte aller Bönpo-Schamanen, einigten sich darauf, daß der den Berg gewänne, der in der Morgendämmerung des nächsten Tages als erster den Gipfel erreicht hätte. Bei Sonnenaufgang sahen Milarepas Jünger entsetzt, wie Naro-bochung auf seiner Schamanentrommel sitzend zum Gipfel flog, während ihr Meister in Meditation versunken war. Aber in letzter Sekunde erhob sich Milarepa in die Lüfte und überholte den Bönpo. Damit hatte er den Kailas für den Buddhismus gewonnen.

Von Zeit zu Zeit wartet einer von uns auf Schurle. Es geht ihm schlecht und schlechter. Er hat seine ganze Kraft für den Paß aufgebraucht, der Jaguar-Stenz. Er quält sich Schritt für Schritt über die buckligen grünen Wiesen am Fluß. Aber er gibt nicht auf.

Immer wieder begegnen wir einem lustigen Feuerchen, wo Pilger sich Tee sieden. Diese Leute sind im Gegensatz zu uns kein bißchen müde. Die machen immer noch Witze. Ab und zu setzen wir uns zu ihnen, einige kennen wir schon von Darchen her oder von unterwegs. Viele von ihnen gehen ja dreimal hintereinander um den Berg. Sie sind viel schneller als wir, und so begegnen wir ihnen jeden Tag. Ein Mädchen gibt es da, das haben die Männer aus Zürich besonders gern, weil es aussieht wie eine gewisse Monika Müller, mit der sie regelmäßig am Junggesellen-Stammtisch sitzen oder Tennis spielen. Monika, Monika, rufen sie jedesmal, wenn sie vorbeikommt bei ihrer neuesten Runde, und Monika sammelt Dalai-Lama-Bilder für ihre ganze Familie ein. Wir – Chrigl, Beat und ich – machen mit Schurle eine längere Rastpause, um ihn ein wenig aufzumöbeln. Wir sind inzwischen selbst todmüde. Wir müssen aber unbedingt das zweite Camp erreichen. Der Weg ist nicht schlecht, und schließlich liegt es in einer Mulde am Fluß vor uns.

Wir liegen mit ziemlich glücklichen Gesichtern in den Schlafsäcken und trinken heiße Bouillon. Und während wir trinken, wird es draußen langsam Nacht, ein frischer Wind kommt auf. Reinhold ist noch irgendwo unterwegs. Als wir am Morgen erwachen, finden wir ihn erschöpft und tief schlafend vor unserem Zelt.

◁ Abstieg vom Dolma La: müde Yaks und müde Pilger

Drei Wiedergeburten erspart: Pilger nach der dritten Bergumrundung

2. August, Kailas, 3. Tag

Die Männer handeln ein bißchen mit vorbeireitenden Tibetern herum, sie haben prächtig aufgezäumte Ponies mit Schneelöwen auf den Satteldecken. Auch Beat reitet.

Oberhalb des Nachtlagers steht Tsumtulphu, eines der zerstörten Kailas-Klöster, das erste, bei dem mit dem Wiederaufbau begonnen wurde. Ein uralter Mönch zeigt uns, was von der Pracht von einst noch übrig ist: eine verrußte Schnitzerei und ein Paar Silberkannen mit Pfauenfedern.

Ohne große Anstrengung geht es talwärts. Ab und zu begegnen uns biblische Gestalten. Vater, Mutter und Baby unterm Regenschirm als Schutz gegen die heiße Sonne, die größeren Kinder treiben die Schafherde mit Steinschleudern vor sich her. Ein alter Mann führt seine Yaks zur Tränke. Vor uns taucht die Ebene auf – weit hinten silbrig der Gurla Mandata – und am Wegrand häufen sich Mani-Mauern, viele gekrönt von Yakschädeln, in die Sprüche geritzt wurden. Der Weg macht eine Rechtsbiegung, und bald sehen wir hinter Schuttwällen das Kloster von Darchen auftauchen. Es ist Mittag, als wir dort eintreffen. Sechs und neun und drei Stunden waren wir insgesamt um den Berg unterwegs. Am Bach bei den Zelten werfe ich mich auf den Boden, ziehe Stiefel und Socken aus und bade meine müden Füße im kalten Wasser. Ich blinzle in die Sonne und denke an meinen Großvater, wie er mir von Sven Hedin vorgelesen hat. Was der wohl denken würde, wüßte er, daß ich nun hier bin. Dann koche ich in der Pilgerraststätte für alle Spaghetti alla Carbonara.

Cheng, Yang und die Chauffeure haben sich in Purang an der indischen Grenze verlustiert. Sie schwärmen vom dortigen Bazar. Irgend etwas aber stimmt nicht. Sie wirken betreten. Schließlich nehmen sie Schurle beiseite und dechiffrieren ein Telegramm aus Peking, das sie in Purang von der CMA erhalten haben. Reinholds Bruder Siegfried ist in den Dolomiten tödlich verunglückt.

Wir packen und reisen ab. Zurück nach Menshe, wo wir noch einmal unsere Lehmzellen beziehen.

Abends wandere ich mit Reinhold über die Wiesen vor der Garnison. Da grasen Pferde, und über die Hügel ziehen zwei singende Reiter. Der Nachtwind erhebt sich und wirft uns Sand entgegen.

◁ Picknick auf tibetisch:
Feuer aus Yakmist, Tsampabrei und Buttertee

Zerstörtes Kloster Tsumtulphu, Wiederaufbau:
auch am Kailas hat die Kulturrevolution ihre Spuren hinterlassen

3. August, Menshe–Shiquanhe, 234 Kilometer

Wieder in Shiquanhe, der Geisterstadt. Ein Windrad zum Wasserpumpen, stundenlang vor sich hintuckernde Trucks, im Leerlauf geparkt, lausige Lehmhütten, Neubauten, die schon wieder verfallen, sandige Hügel, ausgemergelte Männer, kaum je eine Frau, die Hauptstadt der Trostlosigkeit. Bleigrauer Himmel, bleigrau die Stadt. Dabei hieß der Ort einmal Löwenquelle und stand in einem Wald von Weidenbäumen.

Abends geben die chinesischen Officials im Snow-Flower-Restaurant ein Bankett. Mr. Li hält eine Rede und schenkt uns unbeholfen gerahmte Kailas-Fotos. Wir trinken viel und vertragen wenig. Wochenlang war ich jetzt mit vier Männern unterwegs, und auf einmal kann ich ihre Art nicht mehr ertragen. Es kommt zum Streit. Dann hau ich ab aus dieser Runde und gehe zu Cheng und Yang und will von ihnen wissen, wie Männer in China mit Frauen umgehen, nach so vielen Jahren Volkserziehung. Auch in der Volksrepublik grassiert der Machismo, offiziell natürlich nicht, aber im praktischen Leben behauptet er sich bestens. Yang meint, die Frauen studierten zwar und gingen alle zur Arbeit, aber sie ließen nach wie vor die Männer bestimmen, weil sie das noch immer so gewohnt sind. Als ich ihn fragte, was für eine Art Leben er sich für seine Tochter wünsche, beginnt er von Maggy Thatcher zu schwärmen. Ausgerechnet Maggy gefällt den Männern hier ungeheuer. Unter den chinesischen Mädchen ist nach wie vor ein niedlicher Kicher-Habitus en vogue, Kindchengehabe, und von so jemandem könne man doch wohl nicht erwarten, daß er gleich viel zu sagen habe wie ein Mann.

◁ Kailas-Umrundung, 3. Tag: noch eine Stunde bis Darchen
Menshe: Reinhold Messner gibt Unterricht im Fotografieren

4. August, Shiquanhe–Duoma, 240 Kilometer

Wir fahren auf dem berggesäumten Rand um den Teller Tibet. Aus dem gelben Sand ragen Konglomeratklötze, bizarr wie mittelalterliche Burgen. Wir fahren nah an der Grenze zu Indien entlang. Hier gibt es grüne Seen mit schwefelgelben Inseln und Berge mit kompakten Felswänden. Ab und zu tut sich in der Wand ein Loch auf, und der Berg spuckt sein Inneres aus, Geröllabstürze wie versteinerte Wasserfälle. Der Berg kreißt und gebiert sich selbst. Wir begegnen riesigen Pferdeherden, die kurz aufschrecken, ein wenig neben uns traben und dann wieder friedlich weitergrasen. Über weite Strecken ist das Flußufer grün bewachsen und schlingt sich wie ein smaragdenes Band durch das Grau der Urweltlandschaft.

Unerbittlich fressen wir uns auf der staubigen Straße weiter nach Norden, begleitet von Millionen von Telegrafenmasten, von Garnison zu Garnison. Inzwischen sind wir auf der Höhe von Kashmir, und in der Ferne sehen wir die ersten Berge des Karakorum und des Kunlun-Gebirges.

Am Bang-Gong-See feiern wir auf 4800 Metern Höhe ein gewaltiges Badefest. Lauter dünne Gestalten hüpfen da im Wasser herum, nur Cheng hat es geschafft, seinen runden Bauch über alle Strapazen hinwegzuretten. Dann liegen wir faul in der Sonne, und ich erfahre von Chrigl, daß Karim Khan ein hervorragender Skiläufer ist.

Was dann nach einigen Steigungen als Landschaft kommt, ist nur als ein endloser abgestürzter Sahnebaiser zu beschreiben, schlampige Dekorationsreste von Blue Curaçao und Himbeermark beklecksen die Ränder. Mitten durch den Baiser führt unsere schwärzliche Straße und stürzt sich oben in eine windumtoste rötliche Sandebene, auf der Gespenster Walzer tanzen. Wir sind an einem kilometerlangen Salzsee entlanggefahren. Weiße Wände, Kaskaden von Wänden, türkisgrün die letzten Wasserlachen, darüber porphyrrote ausgewaschene Berghänge mit verweinten Gesichtern. Kunstvolle Thanka-Wolken und Thanka-Berge wie Zuckerhüte auf der Ebene, strengste Symmetrie der Natur.

Wie ein richtiges Hotel aussieht, haben wir längst vergessen. Schlafen ist für uns verbunden mit Rattendreck und Scheiße, mit durchgelegenen Matratzen und muffigen Kopfpolstern. Uns kann eigentlich nichts mehr aus der Fassung bringen. Doch dann kommt Duoma, unsere letzte Station vor Beginn der Provinz Sinkiang. Die zerschlagenste und ramponierteste aller Lehmgarnisonen versinkt

da in eigenem Schutt und in eigener Asche. Kaum ein heiles Fenster, der Wind zerrt an den behelfsmäßigen Pappfetzen. Von den grauschwarzen Wänden fällt der feuchte Putz und mit ihm die letzten Mao-Parolen in roter Schrift, mit denen einst das ganze Lager bemalt war. Wir schlafen in der Spitalbaracke und dort – Schurle, der Arzt, erkennt es untrüglich am Geruch – im Sterbezimmer. Zwischen unseren Betten stehen mannsgroße Sauerstoffflaschen. Nie waren die Laken schmieriger, und unter den Betten spielt der Wind, der durch die zerbrochenen Fensterscheiben hereinkam, mit Wolken von flaumigem Staub. Beat sagt nur noch »César Ritz läßt grüßen« und wirft sich auf sein Schmerzenslager. Wir trinken den letzten Whisky (immer wieder taucht eine ganz geheime Reserveflasche in einem geheimen Reserverucksack auf), und dann steigen wir lässig über Moränen aus getrockneter Scheiße und weggeworfenen Schuhen hinab zur Straße, an deren Rand sich ein kleiner Nomadenmarkt entfaltet. Das Angebot ist seit Lhasa das gleiche: grelle Polyesterpullis,

chinesische Samtschuhe mit Stöckeln aus gepreßtem Gummi, schwarze Schirme mit eingelassenen Blumen im Plastikgriff, Stoffe aus Shanghai, Handgewebtes von Nomadenwebstühlen, Haarschleifen, Stearinkerzen, Second-hand-Kleidung mit französischen Etiketts, darunter eine Uniformjacke vom Chemin de Fer de France.

Heute war Schafmarkt hier, und die verkauften Tiere mit großen Farbmarkierungen auf den Rücken sind zusammengebunden wie Sträuße. Auf einmal sehe ich, wie ein Khampahändler in einen Apfel beißt. Ein Apfel!! Jetzt weiß ich, daß Sinkiang wirklich nah ist. Beat will einen silbernen Reisealtar kaufen. Der ganze Markt feilscht mit. Immer wieder nimmt einer Beats Kugelschreiber und schreibt ihm eine Zahl auf den Handballen. Jedesmal wird daraufhin Beat von Entsetzen geschüttelt und schreibt eine andere Ziffer auf, die wiederum bei den Tibetern zu großen Lachanfällen führt. Das geht so eine Stunde, und daß nichts dabei herauskommt, interessiert niemanden. Handeln und Geschäfte machen sind hier der lustvollste Zeitvertreib.

5. August, Duoma–Dahongliutan, 350 Kilometer

Aus dem Nichts erscheint ein Bus – ohne Sitze, drinnen stehen enggedrängt Arbeiter und Soldaten und große Benzintonnen. In Duoma wird eine neue Kaserne gebaut. Die Leute waren zum Wochenende in Sinkiang, denn einige haben Melonen unterm Arm.

Einer unserer Landcruiser springt nicht an. Erst machen wir uns nicht viel daraus, es ist ja feucht heute. Dann werden wir langsam ungeduldig, und alle Männer hängen ihre Köpfe über die Motorhaube. Jeder weiß was anderes, aber nichts hilft. Als der Motor schließlich total auseinandergenommen ist, findet Yang heraus, daß Wasser im Benzin ist. Der Toyota wird wieder zusammengebaut. Der verschwundene Koffer wird wieder einmal verflucht, weil da die Ersatzteile drin sind, und dann machen wir uns auf den regendurchweichten Weg. Alle drei Kilometer bleibt der havarierte Wagen stehen, und der Chauffeur – jeder übernimmt den Job für ein Weilchen – bläst die verstopften Filter aus. Als sich das etliche Male wiederholt hat, zwingen wir die Fahrer, das Wasserbenzin in einen Container abzulassen und vom Dach unseren »eisernen Vorrat« zu holen. Niemand ahnt, wie einem Benzin ans Herz wachsen kann, wenn man weiß, daß über Hunderte von Kilometern kein Tropfen davon zu finden ist und vielleicht tagelang keiner mit einem Reservekanister vorbeikommt. Während der Panscherei sitzt Cheng im Wagen und mampft und mampft. Das ärgert uns, und wir legen ihm nahe, auch auszusteigen und ein bißchen anzupacken. Er steckt ein neues Keks in den Mund und setzt sich auf den Benzincontainer und fällt damit um. Alles rinnt aus. Oft wird er so was nicht überleben.

Wo und wann immer wir in der Steppe halten, nach einer Weile sitzen immer Nomaden neben uns. Diesmal sind es zwei Frauen, eine alte, krumme, deren Rheumaknie Schurle verarztet, und eine junge, lustige mit Mao auf der Brust. Die Männer sind bei der Herde mit Kastrieren beschäftigt. Schurles Dalai-Lama-Bilder werden wieder dankend angenommen. Mit Bildern, Keksen und Rheumasalbe trotten aufrechte schwarze Gestalten zurück zum Horizont.

Weit, furchtbar weit ist der Weg nach Sinkiang. Weit weg wird hier zur Erfahrung. Grausige Straßen führen in die Unterwelt und zum ersten Schöpfungstag. Wir schaufeln uns durch freigelegte Bergwerke, mahlen uns durch unendliche Kiesgruben, schlingen uns durch mäandernde Schottergekröse. Lavaströme in allen erdenklichen Grautönen, in Schwarz, in Violett. Natürlich ist es keine Lava,

◁ Karges Weideland: kilometerweit treiben die Hirten ihre Herden

Markt in Duoma

sondern zwanzig Millionen Jahre alter Meeresgrund. Aber ständig denke ich hier an Vulkane. Wahrscheinlich weil die Erde ihr Inneres zur Besichtigung freigibt. Burgen aus Konglomerat mit bizarren Zinnen zerfallen in violetten Wüsten.

Wenn es Gegenverkehr gibt, sind es immer Lastwagen. Sie transportieren Benzin in großen Tonnen oder Säcke mit Lebensmitteln oder Tiere. Es macht mich fast verrückt, als wir hinter einem Benzinlaster herfahren, auf dessen Ladefläche neben den Tonnen am äußersten Ende Schafe vom Markt in Duoma festgebunden sind. Sie sind vom heftigen Regen völlig durchweicht. Aus ihren Pelzen rinnt die Markierungsfarbe.

Auf einmal sind wir in Sinkiang. Niemand muß auf der Karte nachsehen. Man sieht es einfach. Sinkiang hat andere Farben als Tibet. Sinkiang ist bunt wie eine mohammedanische Pluderhose. Ziegelrot, perlmuttrosa, terracottarot, pompejanischrot, türkisfarben, korallenfarben. Eine Bajadere als Landschaft. Mit niedergeschlagenen Augen, aber schon geschminkt. An schwarzen Felsen Flechtenmuster im grellsten Schwefelgelb der Welt.

Auf einem ziegelroten Hochplateau geht der Regen in einen wirbelnden Schneesturm über. Wir kommen kaum noch vorwärts. An den Windschutzscheiben bilden sich dicke Schilde aus Harsch. Die Ebene wird zu einem glitschigen roten Sandmeer mit Wellenkämmen aus Schnee. Durat orientiert sich mühsam an den schwarzen Telegrafenstangen. Wir verschwinden mit dem Sturm in dunklen Wolken. Der Schneefall läßt nach, dafür jagen graue Nebelfetzen über das Land. Ein Weltuntergang am Ende der Welt, und er nimmt kein Ende.

Kaserne in Duoma: Speisesaal

Als es wieder hell wird, stehen am Horizont groß und weiß die Kunlun-Berge. Davor, weit weg noch und winzig klein, sehen wir ein paar braune Würfel liegen, als hätte sie jemand auf einem weißen Tisch beim Spielen vergessen. Wir kommen näher, und die Würfel haben Risse, sind zerborsten wie nach einem Bombenangriff. Das ist die Garnison von Quanshuigou. Da muß ein fürchterliches Erdbeben stattgefunden haben, mich wundert's nicht. Doch Reinhold weiß gleich, daß die Häuser hier durch die wahnsinnigen Temperaturunterschiede auseinanderreißen wie der Erdboden unter ihnen.

Hier leben Menschen. Im Gewirr der Ruinen entdecken wir ein paar intakte Lehmbaracken und darin die nettesten Kerle der Welt. Nicht viel mehr als ein Dutzend junger Männer, lebendig, neugierig und gesellig wie nirgends sonst auf dem langen Weg. Die Tristesse hat Kultur.

Der Kommandant bittet uns in seine Stube. Alle Soldaten kommen mit. Zum erstenmal werden wir bei unserem unverhofften

Auftauchen gleich zum Essen eingeladen. Sonst wurde immer erst nach langwierigen Verhandlungen ein verdrossener Koch geweckt, und niemand leistete uns Gesellschaft. Wir bekommen Nudelsuppe aus dem Dampfdrucktopf und als Nachtisch einen roten Melonenhalbmond.

Unter dem papierverklebten Fenster, bei dem sorgfältig ein Geviert für den Blick in die Weite freigelassen wurde, steht ein Schreibtisch mit einer rührenden Ordnung darauf. Vollgeschriebene Schulhefte, Sprachbücher, Brieföffner, Tinte, verrosteter Datumsanzeiger, aber korrekt auf den 5. August eingestellt, Federn, Löschblätter, Leim zum Verschließen von Briefumschlägen, die in China nicht gummiert sind. Unter der Glasplatte ein Autogrammbild von Chen Li, der Schlagersängerin, für die sie hier alle schwärmen und die wir auch gleich zu hören kriegen. Mit Hilfe von Cheng erzählen wir uns gegenseitig aus unserem gegenwärtigen Leben.

Die Jungens bewachen den Monte Gasolio. Hinter den Baracken gibt es einen Hügel aus Benzinfässern, den größten, den ich je gesehen habe. Über die Tonnen pfeift ein scharfer Wind, und im Winter ist es hier wie am Nordpol. Ich würde gerne länger bleiben bei soviel klaren Köpfen in Sturm und Wolken. Aber unser Ziel heißt heute Dahongliutan, und wir müssen noch über einen 5000 Meter hohen Paß. Nicht nur die Fahrer haben es eilig.

So ziehen wir weiter in einen weich hereinbrechenden Abend, als hätte es Stürme nie gegeben. Klare Gegend, klares Nichts. Sand, Sandhügel, Sandberge, Felsaufbauten, von denen der Sand abgefallen ist, grau und braun, später übergehend in Schwarz. Wir winden uns den Sternen entgegen, die groß werden wie Spiegeleier. An schwarzen Felswänden glimmt es noch immer schwefelgelb. Nach dem Paß umarmt uns warme Luft aus der Tiefe. Eine Nacht, so sanft wie Samt.

Bei der Abfahrt vom Paß fällt mir Kleist ein: »Ich trage ein Herz mit mir herum, wie ein nördliches Land den Keim einer Südfrucht. Es treibt und treibt, und es kann nicht reifen.« Christa Wolf hat das als Motto verwendet für »Kein Ort. Nirgends«, und es gibt keinen Buchtitel der Welt, der Tibet so vollkommen beschreiben könnte.

◁ Zwischen Duoma und Dahongliutan: »... ich trage ein Herz mit mir herum, wie ein nördliches Land den Keim einer Südfrucht ...«

6. August, Dahongliutan–Kudi, 340 Kilometer

Cheng und Yang erzählen über chinesische Literatur. »Der Traum der roten Kammer« aus dem 18. Jahrhundert ist unter den indexgeplagten Neochinesen ebenso ein Bestseller wie die »Räuber vom Liang-schan-Moor« aus dem 14. Jahrhundert. Als ich Cheng nach »Kin-ping-meh« frage, ist er außer sich, daß ich das Buch kenne. Ich erzähle ihm, daß es bei uns im Internat jahrelang von Kopfkissen zu Kopfkissen wanderte wie auch Claude Anets »Ariane« und daß keiner mehr wußte, wem die Bücher einmal gehörten. Daß kleine Mädchen in Europa ungestraft chinesische Sittenromane aus dem Mittelalter lasen, ohne dafür gevierteilt zu werden, wollte ihm nicht in den Kopf.

Dahongliutan nicht zu schildern, ist ein großes Unrecht, das wir nicht länger begehen wollen. Es handelt sich nämlich um eine gemauerte Garnison aus Bruchsteinen, mit viel Zement und Beton angefertigt, mit elektrischem Licht, das wirklich funktioniert, mit heißem Wasser, in Kesseln herbeigeschleppt, und vor allem mit einer Frühstückstafel auf blitzblanken Tischen, die ihresgleichen im Reich der Mitte suchen kann. Zwölf Gänge inklusive Gänseleberpastete. Die Wände entsprechend reich dekoriert mit Lobeshymnen, ersten Preisen für vorbildliche Führung und Dankschreiben auf Fahnen von diversen Lastwagenbrigaden. Wir waren ganz verdattert.

Danach wieder Landschaft, es breitete sich ein Tal aus, flankiert von Bergen mit seidenglatten Wänden in den Farben von Taubenflügeln, von Perlmuttmuscheln, von Nachtpfauenaugen. Wand an Wand, Schwinge an Schwinge, die Wächter der unbewohnten Welten aus Sand und Stein. Die Natur gibt eine Lektion in Jugendstil. Traum und Wirklichkeit.

Nach Stunden auf diesen Urweltpässen und graugrauen Abgründen aus Schutt und Geröll entlang der Grenzen Pakistans, in denen die ewigen Telegrafenstangen aufgereiht sind wie zum Tode verdammte Soldaten, kommen wir nach Mazar. Dieses Mazar ist für Bergsteiger eine exotische und bedeutende Landmarke, weil sie von hier aus auf Kamelen zum K2 reiten können, dem zweithöchsten Berg der Erde, den sich Pakistan und China teilen. Für uns ist Mazar nichts als ein paar Lehmbaracken, Weidenbüsche am Fluß, eine Handvoll Schafe und, ja, doch, die ersten Privatmenschen, die keine Tibeter mehr sind. Moslems. Am Straßenrand steht das kleinste Restaurant der Welt: ein Schuhkarton aus Lehm, bis zum Bauch in die Erde vergraben, im Deckel steckt ein Ofenrohr. Durch die Tür pfeift ein

Am Kudipaß

Die ersten Kamele

rauher Wind und zerrt an der geblümten Plastikfolie, mit der die Wand verkleidet ist. In der Ecke hantieren am gemauerten Herd zwei alte, krumme Brüder, der eine stützt sein lahmes Bein zum Ausruhen an die Herdplatte. Sie schälen und schneiden und hacken und brutzeln. Es riecht gut, und Rauch steigt auf, und sie sieden und brühen und tischen uns auf.

Weiter schaufeln wir uns durch Geröll – durch Geröllcanyons, Geröllhalden, Geröllmeere über einen Paß, in dessen Falten abgestürzte Lkw-Wracks rosten, und in ein schmutzig-grünes Tal, das bevölkert ist von Kohlebrocken, so groß wie die Eigernordwand, die von der Hüfte abwärts mit Schürzen aus dem schönsten venezianischen Gallepapier bedeckt sind, schwarz, grün und gelbe Augen. Wie eine gigantische Artischocke stellt sich Schuppe vor Schuppe, Bergwand vor Bergwand.

Jede, aber auch jede Landschaft auf dieser Reise bietet sich dar bis zur totalen Erschöpfung. In der Talsohle grasen Wildesel, Yaks, Dzoos, die ersten Kühe. Da werden nicht nur Schweizer Augen feucht. Nach ein paar Kilometern auch die deutschen: der erste *Baum*, der erste Baum seit Wochen, eine Weide. Eselchen mit Bauern säumen sich, vor Einbruch der Dunkelheit nach Hause zu kommen. Bärtige Bauern mit schwarzen Westen und bestickten Käppchen. Uiguren. So weit mußten wir reisen, um zu erkennen, wie liebenswürdig Moslems sind, wie gastfreundlich im Gegensatz zum störrisch starrenden Tibeter – ich meine jetzt Fremden gegenüber, Leuten, mit denen sie nichts zu schaffen haben, die sie nicht kennen und denen sie nie mehr begegnen werden. Ein Bauer reicht uns das erste Chapati durchs Fenster, das Fladenbrot des Karakorums.

Unten, bald nach dem ersten Baum, ein Weidenwald und darin ein kleines Dorf. Ein Dorf, wie es in Afghanistan zu finden ist oder in Pakistan. Sogar der Geruch ist gleich. Es riecht nach verbranntem Pappelholz, ähnlich wie Weihrauch.

Wir machen Quartier. Neu und ordentlich, mich erinnert die Kaserne an eine schwäbische Volksschule. Wenn ich aus dem Fenster schaue, sehe ich eine lustige Bar: ein Paket aus Zeltleinwand mit einem Tisch in der Mitte und ein paar Regalen. Die Soldaten, die frei haben, hängen hier mit dem Wirt herum und scherzen. Nur der Koch ist alt und mürrisch. Er schiebt uns Schüsseln mit Nudeln und allerlei gebratenem Gemüse und Fleisch in den Eßraum, angewidert schaut er uns zu, streng verweigert er das Bier. Doch er kann uns nicht aus der Fassung bringen. Ungerührt bewundern wir seine wahnsinnige Ordnung in der Küche. Da begleitet er uns lächelnd bis zur Tür.

7. August, Kudi–Yecheng, 165 Kilometer

Bevor wir das Kunlun-Gebirge verlassen, passieren wir den spektakulärsten aller Pässe auf dieser langen Reise, den Kudi. Die Straße wird zur schwindelerregenden Traverse einer hellbraunen Steilwand. Man möchte es nicht glauben, aber in den Falten der Wand kleben kleine Oasendörfchen wie Vogelnester, terrassenartig aufgeschichtete Häuschen und ebenso kleine Äcker. Sie hängen wirklich in der Wand. Ob die hier auch ihre Kleinkinder an Seilen festbinden, damit sie nicht abstürzen, wenn sie vor dem Haus spielen, wie das manche Bergbauern in Südtirol tun? Reinhold, Beat und ich sitzen im selben Wagen und spielen mit großer Begeisterung »Leute erraten«. Ein schönes Spiel. Einer denkt sich jemanden aus und sagt nur, ob er männlich oder weiblich ist. Die anderen müssen ihn herausfinden, indem sie Analogien abfragen. Zum Beispiel: »Was ist er als Blume?«, »Was ist er als Musik?«, »Was ist er als Landschaft?« und so weiter. Oft hat das bei brüchigen Personen eine Stunde gedauert und ist in die irrwitzigsten Vergleiche eskaliert.

Allmählich gehen die Steilhänge über in ein wüstenartiges, hügeliges Land. Die ersten Kamele tauchen auf. Geschminkte Mädchen in bunten Pluderhosen. Bauern in weißen Blusen reiten auf Eselchen. Auf einmal stehen an den Straßen grüne Mauern aus Weidenge-

TOYOTA

büsch, Säulenhallen aus Pappeln, Sonnenblumenfelder und wehendes Schilf. Die Sonnenblumen gehen mit ihren Gesichtern dem Lauf der Sonne nach, und wenn ihre Kerne reif sind, machen sie dabei ein leise rasselndes Geräusch.

Die erste Oase. Dann wieder Wüste. Es folgt Dorf auf Dorf. Eselskarren und Kamelherden häufen sich, Radfahrer tauchen auf, an den Straßenrändern werden Früchte und Gemüse angeboten. Überall geschäftiges Treiben.

Schließlich verschluckt uns das wilde, lärmende, bunte und staubige Leben von Yecheng. Lustiges Menschengewirr, Fahrradglocken läuten, Autos hupen, Kinder schreien, überall wird gehandelt und gefeilscht und gelacht. Unseren Toyotas folgt eine schnell wachsende Menschentraube – hier sind Europäer noch so selten wie zweiköpfige Kälber. Wir fliehen in den Hotelhof, und schon nach ein paar Minuten hängen die eilends geschlossenen Hoftore voller neugieriger Gesichter. Die Türen quietschen in den Angeln. Wir wohnen alle in einem Raum, dem ersten seit Wochen, zu dem man Zimmer sagen kann. Teppiche, appetitliches Waschgeschirr, große Fenster aus vielen in Holz gefaßten Scheiben, eine zweiflügelige Glastür führt auf die schattige Veranda. Sie ist ganz mit Weinlaub bewachsen, und in den Blättern spielt ein Wind, der nach Süden riecht, obwohl wir seit Tagen nach Norden reisen. Wir machen Siesta bei offenen Türen. Vogelgezwitscher und Eselsgeschrei.

Am Nachmittag treiben wir uns im Bazar von Yecheng herum. Dutzende von Kindern umringen uns und haben die Lage fest im Griff. Gehen wir, so gehen sie, stehen wir, so stehen sie. Sie schauen konzentriert durch meine Kamera, jeder will sie einmal anfassen. Inzwischen steht um den Kinderhaufen ein Wall von Erwachsenen.

Chapati-Bäcker

Yecheng: Reinhold Messner im Bazar

Alle sind lustig, ich spüre überhaupt keine Aggressionen, obwohl ich ständig angefaßt werde. Wo immer wir uns bewegen, verstopfen wir den Bazar vollständig. Wir gehen zum Bäcker und schauen zu, wie er Chapati an die Innenwände seines heißen Lehmofens klatscht. Wir gehen zur Moschee, vor der ein Buchhändler den Koran verkauft. Als er uns entdeckt, verschwinden die Bücher sofort unter Tüchern. Die Straßen des Bazars sind aus Lehm, es ist heiß und trocken, und unser Pulk wird zur wandernden Staubwolke. Unter freiem Himmel wird hier rasiert, genäht, Eis hergestellt mit altertümlichen Maschinen. Es werden Gewürze gestampft und Tiere zerhackt. Eine Bäuerin ordnet ein Dutzend Kartoffeln und vier Tomaten zu zwei appetitlichen Pyramiden. Das ist die heutige Ausbeute ihres Gartens. Es gibt Stoffe, bestickte Käppchen, Messer, alles nach Straßen geordnet, also die Straße der Schneider, der Bäcker, der Messerhändler. Noch nie habe ich einen so schönen, lebendigen Bazar gesehen! Es gibt über Glut gebratenes Shish Kebab und Teigtaschen, gefüllt mit frischem Hammelfett. Vor einer Fleischküche sind auf einem Sack am Boden der schwarze Kopf und die Pfoten einer Ziege ausgebreitet, sozusagen als Speisekarte. Alles schmatzt und ißt und schwatzt und trinkt und wischt sich den Schweiß von der Stirn und ist guter Dinge.

Schurle und Chrigl ist es hier zu staubig, Beat hat sich mit Durchfall ins Bett gelegt, und Reinhold ist beim Apotheker hängengeblieben.

Als er abends nach Hause kommt, erzählt er, daß er inzwischen auf einer Hochzeit gewesen ist. Er erzählt so schön, daß wir ihn bitten, mit uns nochmal dorthin zu gehen. Er führt uns in einen Teil der Stadt, die hier mehr ein riesiges Dorf ist. Hinter hohen Mauern ebenerdige Häuser, natürlich alles aus Lehm, ein Garten, Bäume, ein Paar Ziegen, Schafe, Fahrräder, spielende Kinder. Als wir ankommen, ist das Fest schon beendet. Aber die Familie lädt uns trotzdem ein zu bleiben. Die Männer machen es sich auf einer mit Teppichen ausgelegten Empore, einer Art riesigem Diwan, im Schneidersitz gemütlich. Ich gehe ins Nebenzimmer zu den Frauen, die sich den Männern nicht unverschleiert zeigen, weil Fremde unter ihnen sind.

Die Braut weint und versteckt sich, aber dabei schielt sie immer wieder neugierig zu mir herüber. Eine Freundin umschlingt sie und küßt sie und streichelt sie, die Braut schluchzt erneut, und ich merke, daß dieses Geweine und Getröste ganz einfach zum Hochzeitsritual gehört. Dabei sitzen noch gemütliche fette Weiber, die sich voll Wonne gehen lassen. Man ist unter sich. Wir essen Pfirsiche und Melonen. Sie befühlen meinen Körper, und wir unterhalten uns in Zeichensprache. So erfahre ich, wer von ihnen schwanger ist, wie viele Kinder sie haben. Braut und Bräutigam haben von uns wie es sich gehört zwei Schweizer Uhren bekommen, die Gegengabe besteht aus einem Stückchen Brokat, einem Handtuch und einem Paket Würfelzucker.

Yecheng hat ein Freilichtkino mit 3000 Plätzen. Es ist ummauert wie eine Stierkampfarena und hat auch die gleichen Luken für den Kartenverkauf. Vor den Toren drängen sich Eistee- und Melonenverkäufer und die Jugend der Stadt mit geölten Stirnlocken und spitzen Schuhen und Stöckeln. Der Kinovorführer lädt uns ein zu einer Vorstellung auf seinem Vorführturm-Balkon. Chrigl und Schurle schlafen, über Yecheng bricht die Nacht herein, und Beat, Reinhold und ich sehen über 3000 schattenhaften Gestalten mit 1000 glimmenden Zigarettenfeuerchen einen Film über den chinesisch-japanischen Krieg. Natürlich sind die Japaner als unvorstellbar grausame Schweine dargestellt.

Auf der Straße zum Hotel liegt noch immer der tote Mann, den wir dort schon am Nachmittag gesehen haben. Ich kann mich an keine Asienreise erinnern, wo nicht irgendwo einmal ein toter Mann auf der Straße lag.

8. August, Yecheng–Kashgar, 254 Kilometer

1983 hat Tiziano Terzani eine wunderbare Geschichte über Kashgar für das Magazin »Der Spiegel« geschrieben. Schon 1985 hat sich vieles verändert. Die alte Stadt versinkt in einem ungeheuerlichen Bauboom. Beton verdrängt den Lehm. Im Park der ehemaligen russischen Botschaft gibt es jetzt das »Old Kashgar Hotel«, und dort wohnen wir. Und hier gibt es jede Menge weißer Touristen. Das Personal hängt lustlos herum und spuckt Melonenkerne durch die Gegend. Im Fernsehzimmer schrecken ein paar Stubenmädchen auf, die auf den Sofas ein Mittagsschläfchen machen.

Wir beneiden Cheng und Yang. Sie wohnen in den Salons der alten Botschaft, in Plüsch und Spitzendeckchen und Spiegeln und Ziertischchen. Wo dem Fortschritt noch kein Überfall gelungen ist, ist es immer schön. Wir aber sind dazu verurteilt, das moderne China bis zur Neige auszukosten.

Morgen fahren die Chauffeure die Wagen nach Urumchi, wohin wir fliegen werden. So gewinnen wir ein paar Tage, um früher nach Europa zu kommen. Zum Abschied lädt uns Ya-ku-tu nach dem Abendessen ein. »Disco« sagt er nur geheimnisvoll und gibt jedem von uns eine Eintrittskarte. Wir sind gespannt. Ya-ku-tu führt uns hinter dem Hotel auf einen betonierten Hof unter freiem Himmel. An den Hauswänden sind Stühle aufgereiht wie in der Tanzstunde, vor der

Bühne stehen Sessel für die Honoratioren der Stadt. Glühbirnengirlanden beleuchten den Platz. Ein kleines Sinfonieorchester probt. Viele Streicher und Bläser. Die Sängerin löst das Band von ihrem Pferdeschwanz und vertauscht hinter dem Flügel ihren Faltenrock mit etwas schillerndem Selbstgenähtem. Die Stadtväter lassen sich nieder, auf den Stühlen fürs Volk drängen sich die jungen Leute. Es geht los. Schlanke Männerpärchen mit Schirmmützen tanzen mit zierlichen Schritten den Schneewalzer. Die uigurischen Mädchen haben die Haare hochgesteckt und darüber Schleier aus Perlonspitze gebreitet, Tändelschleier, die kaum noch an ihren ursprünglichen Sinn erinnern, nämlich zu verhüllen. Die Mädchen tragen Tanzkleider in Pastellfarben, wie wir sie aus Nachkriegsfilmen kennen, wo sie von Sonja Ziemann und Ruth Leuwerik getragen werden. Darunter blitzen rote Seidenunterröcke und unter denen knielange Stoffunterhosen, Pluderhosenrudimente. Männer tanzen mit Männern, Mädchen mit Mädchen, die gemischten Paare sind in der Minderzahl und meist chinesisch. Aber alle tanzen sehr weich, fließend, geschickt, auf dem Beton wirken sie wie ein Eisballett. Und wieder muß ich an Rumänien denken. Der diskrete Charme der kommunistischen Bourgeoisie.

12. August 1985, Urumchi

Wir hängen in Urumchi fest, in einem zähen Brei von Bürokratismus und kommunistischer Uninteressiertheit. Es ist die heißeste Zeit des Jahres, 45 Grad, und wir haben noch immer den heißen Atem der Wüste Taklamakan im Nacken. Das uns inzwischen vertrauteste aller chinesischen Wörter ist *meo = nichts:* meo Ticket, meo Telefonverbindung, meo Whisky.

Wir fliegen nach Peking, von dort nach Zürich.

Epilog

Seit unserer Rückkehr aus Tibet ist inzwischen ein Jahr vergangen. Aus der manchmal recht aufgezwungenen Nähe während der Reise ist eine Art komplizenhafter Freundschaft geworden. Von Zeit zu Zeit treffen wir uns, meist in Zürich und dann natürlich in der »Kronenhalle«. Nachdem wir die schöne Perversion genossen haben, bei üppigen Mahlzeiten von unseren Entbehrungen zu schwärmen, stellt sich jedesmal heraus, daß wir alle mit dem Gedanken spielen, noch einmal nach Tibet zu reisen. Jeder für sich und jeder auf seine Weise. Schurle will zu Fuß mit einem Yak durchs Land ziehen. Beat will eine Weile im Kloster von Tashi Lhunpo bleiben. Chrigl, der noch häufig nachts in seinen Träumen im Landcruiser an Salzseen vorbeibrettert, will das Land seiner Frau zeigen. Ich bin traurig, daß wir nie mit Tibetern leben konnten, und möchte für ein Jahr nach Lhasa ziehen. Reinhold, der Mann der Tat, ist schon wieder in Tibet unterwegs. Von der Provinz Kham nach Kathmandu. Um herauszufinden, warum die Sherpa Kham verlassen haben und nach Nepal gezogen sind.

Der wahre Grund für unsere Sehnsüchte ist wohl der, daß wir Beinahe-Nähe gern in Nähe verwandeln würden.

Und weil es auf dieser Reise nicht möglich war, authentisch in Gesprächen mit Tibetern zu erfahren, wie die Dinge außerhalb von Autonomiefeierlichkeiten und Jubelpropaganda der chinesischen »Befreier« für sie stehen, habe ich den Exiltibeter Gyaltsen Gyaltag gebeten, für dieses Buch einen Anhang zu schreiben. Gyaltag ist als Kind während der Kulturrevolution aus Lhasa geflüchtet und lebt heute im schweizerischen Pestalozzi-Dorf Trogen, wo er, der als kleiner Junge hier aufgenommen wurde, nun selbst tibetische Kinder erzieht. Gyaltag ist in Exilantenkreisen als streitbarer Mann bekannt, dem es um ein freies Tibet durch Selbstbestimmung geht. Er wird Ihnen nicht nur die politische Lage Tibets in diesem Anhang erläutern, sondern auch über Geschichte und Religion seines Volkes erzählen. Weil das spannender ist als die Second-Hand-Interpretationen von uns Europäern.

Reisetips

Bereits 1986 werden von verschiedenen Reiseunternehmen sogenannte Trekking-Touren zum Kailas angeboten. Im Durchschnitt kostet der Spaß bei 15 Teilnehmern etwa 15 000 Schweizer Franken oder 17 000 DM. Weitere Informationen erhalten Sie über:

Deutscher Alpenverein
Summit Club
Fürstenfelder Straße 7
D-8000 München 2
Telefon 089/26 90 11

John Dornbierer Reisen
Düntnerstraße 6
CH-8340 Hinwil
Telefon 01/937 40 84

Hauser-Exkursionen
Neuhauser Straße 1
D-8000 München 2
Telefon 089/26 30 08

Indoculture Tours AG
Studienreisen
Blümlisalpstraße 3
CH-8006 Zürich
Telefon 01/363 01 04

Trekking International
Corso Sempione 60
I-20154 Milano
Telefon 02/318 91 61

Wer sich auf eigene Faust nach Tibet auf den Weg machen will, erkundige sich zuerst bei der für ihn zuständigen Botschaft der Volksrepublik China nach den neuesten Bestimmungen. Deklarieren Sie sich als normaler Individualtourist und keinesfalls als Bergsteiger. Sonst geraten Sie unweigerlich in die teuren Hände der Chinese Mountaineering Association.

Literatur

Allen, Charles: A Mountain in Tibet, London 1982

Martin Brauen (Hrsg.): Aufschnaiter, Peter: Sein Leben in Tibet, Innsbruck 1983

Govinda, Anagarika: Der Weg der weißen Wolken, Bern, München, Wien 1973

Harrer, Heinrich: Sieben Jahre in Tibet, Frankfurt, Berlin, Wien 1972

Hedin, Sven: Transhimalaja, Leipzig 1909

Lehmann, Peter Hannes: Tibet. Das stille Drama auf dem Dach der Welt, Hamburg 1981

Olschak, Blanche: Religion und Kunst im alten Tibet, Zürich 1962

Polo, Marco: Von Venedig nach China, Tübingen, Basel 1973

Taring, R. D.: Eine Tochter Tibets, Hamburg, Düsseldorf 1972

Tichy, Herbert: Zum heiligsten Berg der Welt, Wien 1937

Geschichte und Leidensweg des tibetischen Volkes

von Gyaltsen Gyaltag

Prolog

»Wenn die Räder einmal nach Tibet kommen, ist es mit dem Frieden im Lande vorbei.«
Prophezeiung eines tibetischen Lamas aus früherer Zeit

»In der weltweiten Bewegung auf das Selbstbestimmungsrecht hin ist *einem* Volk der umgekehrte Weg, der Weg aus nationaler Unabhängigkeit in die Fremdherrschaft und Bevormundung aufgezwungen worden.«
Hans Reutimann

Im Jahre 127 v. Chr. entstand Tibet als geeinte Nation unter der Führung des ersten Königs, Nyatri Tsenpo, der die verschiedenen Stämme des Hochlandes einigte. Seither hat Tibet ein wechselvolles Schicksal erlebt. Vom politischen und militärischen Höhepunkt des 7. bis 9. Jahrhunderts bis zum tragischen Tiefpunkt in der Mitte unseres Jahrhunderts.

Von der Welt durch riesige Gebirgsmassive abgeschlossen, führte Tibet viele Jahrhunderte lang ein Leben für sich. Kulturelle Beziehungen verbanden es mit Indien, woher es den Buddhismus empfing, den es seinen eigenen Lebensbedingungen anpaßte. So entstand der tibetische Buddhismus, eine alle Lebenssphären durchdringende nationale Religion eigener Prägung. Von China übernahm Tibet zahlreiche Künste und Errungenschaften der materiellen Zivilisation, obwohl die gegenseitigen Beziehungen nie sehr eng und herzlich genannt werden durften. Einzig die Kontakte zur Mongolei blieben über viele Jahrhunderte infolge der ethnischen Verwandtschaft unverändert herzlich. Die Gebirgsbarrieren, die Tibet umschließen, erschwerten das Eindringen von Fremden – und die Tibetaner taten alles, um Fremde fernzuhalten.

So vermochte Tibet seine Eigenart bis in unser Jahrhundert zu behaupten. Diese Individualität findet ihren Ausdruck in Religion und Kunst, in Schrift und Sprache, aber auch in der Staatsform sowie in der charakteristischen Lebens- und Denkweise des tibetischen Volkes. Es ist diese Individualität, welche die einzigartige Zivilisation Tibets ausmacht, geprägt durch die alles durchdringende Religion. Ohne ihren buddhistischen Glauben können sich die Tibeter ihr Leben nicht vorstellen, selbst heute nicht.

Die alte Gesellschaftsordnung war keineswegs demokratisch oder sozial angemessen aufgebaut. Ungerechtigkeit und Amtsmißbrauch waren nicht unbekannt. Die Staatsform war ein hierarchisch gegliedertes Gebilde mit theokratischen und feudalistischen Merkmalen. Schließlich war Tibet vor der chinesischen Annexion ein reiner Agrarstaat und galt daher als äußerst rückständig. Eine tiefe Kluft bestand zwischen technischem und geistig-kulturellem Entwicklungsstand.

Trotz dieser »Rückständigkeit« war das alte Tibet keine »Hölle auf Erden«, wie dies von der chinesischen Propaganda behauptet wird. Vor 1950 kannten die Tibeter keinen Hunger. Gewiß, das Leben war hart und sehr einfach, aber die Tibeter führten ein zufriedenes, selbstgenügsames Dasein und vor allem ein Leben der Selbstbestimmung.

Mit der Invasion Tibets durch die chinesische Volksbefreiungsarmee zu Beginn der fünfziger Jahre fand diese Friedenszeit ein jähes Ende. Über das einst unabhängige »Land des Schnees« brach eine Eruption von Gewalt, Zwangsmaßnahmen und Unterdrückung herein, die schließlich im blutig niedergeschlagenen Aufstand des tibetischen Volkes vom 10. März 1959 in Lhasa und im anschließenden Exodus von rund hunderttausend Tibetern gipfelte.

Die unmenschlichen politischen und sozialen Zustände unter der atheistischen Zwangsherrschaft der chinesischen Besatzungsmacht zwang viele Tibeter dazu, ihre Heimat, ihre Eltern, Verwandte und Freunde zu verlassen und ins Exil zu flüchten. Sie haben das unsichere Schicksal in der Emigration auf sich genommen, um für ihr Erbe, ihre Religion und Kultur, die in Tibet selbst keine Daseinsberechtigung mehr haben, weiterkämpfen zu können. China zerstört in Tibet nahezu systematisch die geistig-kulturellen Werte und die Grundfreiheiten des Landes und versucht durch »Sinifizierung« die Identität des tibetischen Volkes zu zerstören.

Der Freiheitskampf des tibetischen Volkes ist deshalb nicht nur ein Kampf um politische Rechte, sondern er ist zugleich ein geistig-kultureller Kampf um das Überleben. Die Flucht ins Exil war deshalb für viele Tibeter die einzige Möglichkeit zum Protest und zum Bekenntnis zu ihrem Glauben und den überlieferten sozialen Strukturen.

Im März 1987 sind 28 Jahre vergangen, seit das tibetische Volk sich gegen die Willkürherrschaft eines fremden, totalitären Regimes auflehnte und so seinen unbeugsamen Freiheitswillen zum Ausdruck brachte. In Erinnerung an Zehntausende von Tibetern, die ihr Leben selbstlos für ihr Land geopfert haben, ist der vorliegende Beitrag über die Geschichte Tibets und den Leidensweg seines Volkes geschrieben worden. Aber auch in der Hoffnung, daß das tragische Schicksal des tibetischen Volkes trotz der derzeit herrschenden China-Euphorie unvergessen bleibt. Tibet braucht die moralische Unterstützung, die Solidarität aller freiheitsliebenden Menschen und Völker.

September 1986 *Gyaltsen Gyaltag*

Aus der Geschichte Tibets

Tibet hat eine alte Geschichte, die bis ins Jahr 127 v. Chr. zurückreicht. Damals vereinte der erste König Tibets, Nyatri Tsenpo, die verschiedenen Stämme, die das Hochland Tibet bewohnten, zu einer Nation. Ihm folgten 41 Könige der Yarlung-Dynastie, die 969 Jahre lang (d. h. bis 842 n. Chr.) Tibet regierten. Während dieser Periode war Tibet eine bedeutende politische und militärische Macht in Zentralasien, deren Autorität und Einfluß weit über die Nachbarländer hinausreichte.

Nach einem ersten Einfall in China dehnten die Tibeter ihre kriegsartigen Unternehmungen nach allen Richtungen aus. 648 n. Chr. führten sie eine Expedition nach Indien durch. Mit der Einnahme der vier chinesischen Bollwerke in Chinesisch-Turkestan schnitten sie den chinesischen Verkehr mit dem Westen ab und legten den Grundstein zu einem tibetischen Großreich in Zentralasien.

Im Westen besetzten sie Hunza, das heute zu Pakistan gehört. Die Beziehungen der tibetischen Könige mit den Arabern waren meistens freundlich. Nur Harun al Raschid, der Kalif von Bagdad aus 1001 Nacht, verbündete sich kurze Zeit mit den Chinesen gegen die Tibeter, die ihm zu mächtig wurden. Im Norden und Nordosten gingen die Tibeter mit den Uiguren und den Westtürken zusammen. Mit den letzteren machten sie oft gemeinsame Sache gegen die Chinesen. Im Süden beherrschten sie das Königreich Nepal und die Bergstämme auf der indischen Seite des Himalajas. Ihre militärischen Unternehmungen führten bis nach Oberburma. Für China selbst bildeten die Tibeter eine dauernde Quelle der Unruhe. Immer weiter stießen ihre Heere in das Gebiet des Reiches der T'ang-Dynastie hinein. »Tibetische Generale und Minister besetzten und verwalteten beinahe das ganze Kansu, den größeren Teil von Szechwan und den Norden von Yünnan.« Die hervorragendsten dieser Herrscher waren Songtsen Gampo, Trisong Detsen und Ngadhak Tri Ralpachen.

König Songtsen Gampo (617–649) festigte und erweiterte das tibetische Reich, indem er Teile von Westchina annektierte und den chinesischen Kaiser T'ai Tsung der T'ang-Dynastie dazu zwang, einen jährlichen Tribut von 50 000 Rollen Seide zu entrichten. Der Kaiser mußte ferner die Prinzessin Wen-Ch'eng Kung Chu dem tibetischen König zur Frau geben. Songtsen Gampo nahm auch eine nepalesische Prinzessin, Bhrikuti, zur Frau. Während seiner Regierungszeit wurden die tibetische Schrift entwickelt und die ersten Münzen geprägt. Auch religiöse (Einführung des Buddhismus) und kulturelle Beziehungen mit Indien wurden eingeleitet. Eine besondere Form der repräsentativen Regierung mit je einem Vertreter pro 1000 Familien am königlichen Hof in Lhasa und mit neun Ministerien unter der Leitung je eines Ministers wurde geschaffen.

Im Jahre 710 gab der chinesische Kaiser Shou-li dem tibetischen König Tride Tsugtsen (697–755) die Prinzessin Chin-Ch'eng Kung Chu zur Frau. Er hoffte, daß durch diese Heirat die Beziehungen zwischen Tibet und China sich entspannen und die Grenzkriege aufhören würden. Seine Hoffnung erfüllte sich nicht. 741 mußte der Kaiser mit Tibet einen Grenzvertrag abschließen, dessen Ergebnis die Errichtung einer Steinsäule mit den Inschriften über die Grenzregelung auf dem Berg Gugu Meru in Osttibet war.

Die Weigerung des chinesischen Kaisers, den jährlichen Tribut von 50 000 Rollen Seide zu entrichten, und die fortdauernden Grenzkriege zwischen den beiden Ländern verschlechterten die Beziehungen zwischen Tibet und China zusehends, so daß der tibetische König Trisong Detsen (742 bis 797) seine Streitkräfte gegen China aussenden mußte. Vor der rasch vorrückenden tibetischen Armee mußte der chinesische Kaiser T'ai Tsung fliehen, die kaiserliche Hauptstadt Ch'ang-an wurde von den siegreichen Tibetern besetzt. Trisong Detsen ließ dann einen Bruder der Prinzessin Chin-Ch'eng Kung Chu als Kaiser einsetzen. Dieser wählte den tibetischen Namen Taschi als neuen Titel seiner Herrschaft. Der neue Kaiser stellte ein Bürgschaftsschreiben aus, worin China verpflichtet wurde, den jährlichen Tribut von 50 000 Rollen Seide zu entrichten. Nach 15 Tagen zogen sich die tibetischen Streitkräfte zurück. Dieses Ereignis wurde auf einer Steinsäule, dem Schol-Doring, in Lhasa festgehalten, wo unter anderem zu lesen steht: »König Trisong Detsen, der ein weiser und weitsichtiger Mann war, hatte Erfolg in allem, was er für das Königreich tat. Er eroberte und beherrschte viele chinesische Distrikte und Festungen. Der chinesische Kaiser Hehu Ki-Wang und seine Minister waren in großer Furcht. Sie boten einen ewigen, jährlich zu bezahlenden Tribut von 50 000 Rollen Seide an, und China wurde fortan verpflichtet, diesen Tribut zu entrichten.« Trisong Detsen war auch ein Förderer des Buddhismus in Tibet. Unter seiner Herrschaft wurden viele namhafte indische Gelehrte wie etwa Padmasambhava nach Tibet eingeladen, und tibetische Gelehrte wurden nach Indien gesandt, um die Lehren Buddhas ins Tibetische zu übersetzen. Das erste tibetische Kloster, Samye, wurde 779 gegründet.

Die politische Macht des Staates nahm rasch zu, und die Gebiete, die Tibet direkt unterstanden, dehnten sich immer weiter aus. Unter Trisong Detsen erreichte Tibet den Höhepunkt seiner politischen und militärischen Macht.

Nach seiner Thronbesteigung sandte der 40. König Tibets, Ngadhak Tri Ralpachen (815–836), große Verbände tibetischer Streitkräfte an die Grenze zu China. Durch die Vermittlung buddhistischer Mönche aus Tibet und China wurde jedoch im Jahre 821 ein Friedensabkommen zwischen den beiden Ländern abgeschlossen. Der Text des Vertrages wurde auf drei Steinsäulen festgehalten. Eine Steinsäule wurde vor dem Tor des kaiserlichen Palastes in Ch'ang-an und eine andere an der Grenze zwischen den beiden Ländern auf dem Berg Gugu Meru errichtet. Die dritte Steinsäule wurde zwei Jahre später (823) vor dem Haupteingang des Zentraltempels (Jökhang) in Lhasa aufgestellt. Während der Regierungszeit Tri Ralpachens wurden ferner umfassende Überarbeitungen der übersetzten buddhistischen Schriften durchgeführt und neue Übersetzungen gemacht. Die Zahl der buddhistischen Mönche in Tibet nahm gewaltig zu. 836 wurde Tri Ralpachen von zwei Ministern, die Anhänger der Bon-Religion (vorbuddhistische Naturreligion Tibets) waren, ermordet. Sein älterer Bruder Lang Darma, der die starke Förderung des Buddhismus durch seinen jüngeren Bruder Ralpachen mißbilligte und selber ein Anhänger der Bon-Religion war, wurde auf den Thron gesetzt. Während seiner Regierungszeit (836–842) wurden die Buddhisten verfolgt. Lang Darma wurde im Jahre 842 von einem verkleideten buddhistischen Mönch namens Lhalung Palgyi Dorje ermordet. Die Linie der frühen Könige Tibets und somit der Yarlung-Dynastie endete mit dem Mord an ihm. Tibet stürzte nun in ein dunkles Zeitalter, und nach vielen Kämpfen um die Nachfolge zwischen den Söhnen Lang Darmas ging die politische und militärische Macht Tibets in Brüche. Die Grenzen schrumpften zusammen, und aus dem einst mächtigen Reich entstanden eine Anzahl kleiner Fürstentümer.

Erst im Jahre 1247, nach rund 400 Jahren politischer Uneinigkeit und Desintegration, wurde Tibet wieder geeint unter den Sakya-Lamas (1247 bis 1358), einer Linie von 20 Priester-Königen, die während hundert Jahren die politische und religiöse Herrschaft über Tibet mit Unterstützung der Mongolen aufrechterhielten.

1244 wurde der große Sakya-Lama vom Sakya-Kloster, Kunga Gyaltsen (1162–1251), der wegen seiner Gelehrsamkeit auch Sakya-Pandita genannt wird, von Prinz Godan, einem Enkelsohn von Genghis Khan (1162 bis 1227), in die Mongolei eingeladen. 1251 machte Godan den Sakya-Pandita zum Statthalter von Tibet. Der Neffe von Sakya-Pandita, Sakya Drogon Phakpa (1235–1280), wurde 1253 von Kublai Khan, dem Bruder Godans, zum souveränen Herrscher über Zentraltibet erhoben. Dies war der Beginn der Priesterherrschaft in Tibet und der Verschmelzung von Staat und Religion. Als erster Mongolen-Kaiser von China ernannte Kublai Khan (1216 bis 1295) Drogon Phakpa zu seinem kaiserlichen Lehrer. Er beauftragte ferner Phakpa, das Administrationssystem Tibets zu reorganisieren. Drogon Phakpa schuf das sogenannte Trikor Choksum (13 Provinzen). Ein Pönchen (großer Führer) leitete das Amt für die politischen Angelegenheiten Tibets. Die in Tibet stationierten mongolischen Streitkräfte wurden abgezogen.

Die Priester-Könige der Sakya-Schule wurden von 11 Königen der Phagmo-Drupa-Linie (1358–1436) abgelöst. Die Könige dieser Linie wußten die Beziehungen zu den Mongolen geschickt auszunützen. Sie regierten während 78 Jahren Tibet vom Tsangpo-Tal aus, südöstlich von Lhasa gelegen. Changchub Gyaltsen (1302 bis 1364) von Phagmo Drupa, der seit 1350 der eigentliche Herrscher über Tibet war, reorganisierte die Administration des Landes; anstatt der 13 bisherigen Provinzen teilte er das Land in eine Anzahl Dzongs (= Distrikte) ein. Nach dem Fall der Mongolen-Dynastie (Yuan) im Jahre 1368 erlangte Tibet seine völlige Unabhängigkeit wieder. Wie die Mongolen sandten auch die chinesischen Kaiser während dieser Zeit Sondergesandte nach Tibet, um den Klöstern religiöse Opfergaben zu bringen. 1406 wurde der Karmapa-Lama, religiöses Oberhaupt einer Zweigschule der Kagyüd-Schule, vom chinesischen Kaiser nach China eingeladen. Bei seiner Ankunft wurde er vom Kaiser ebenbürtig behandelt. Er betrachtete ihn als seinen religiösen Lehrer. Das besondere Merkmal während dieser Periode (1247–1436) war die »Priester-Patron-Beziehung« zwischen Tibet und China. China mischte sich in keiner Weise in die inneren Angelegenheiten Tibets ein.

Wegen innerer Uneinigkeiten verloren die Phagmo Drupa gegen Mitte des 15. Jahrhunderts ihre Macht an die Ringpung-Familie. Die nächsten 130 Jahre wurde Tibet von vier Generationen dieser Familie regiert.

1566 wurde die Ringpung-Familie von Karma Tseten Dorji, einem Minister der Ringpung-Familie, entmachtet. Während 76 Jahren regierten nun drei Generationen der Tsangpa-Könige von Shigatse aus über ganz Tibet. Sie förderten und beschützten insbesondere die Karma-pa-Schule. Während dieser Periode herrschten die Ming-Kaiser in China. Sie hatten wenig Kontakt mit den Tibetern, da sie mit den eindringenden mongolischen Stämmen beschäftigt waren.

Von 1642 bis zum tibetischen Nationalaufstand im März 1959 stand Tibet unter der Ganden-Phodrang-Regierung der *Dalai Lamas*. Die ersten vier wurden berühmt durch ihre geistige Erleuchtung. Doch der fünfte Dalai Lama, Ngawang Lobsang Gyatso, errichtete das einzigartige Regierungssystem des Ganden-Phodrang (Verschmelzung der religiösen und politischen Führung in der Person des Dalai Lama). Dank dieser historischen Leistung erhielt der fünfte Dalai Lama den respektvollen Beinamen *der große Fünfte*.

Um den Ursprung der Dalai Lamas zu ergründen, ist es notwendig, auf das 15. Jahrhundert zurückzugreifen. Der Lama, der postum als erster Dalai Lama bekannt wurde, hieß Gendün Drup (1391–1474) und war einer der bedeutendsten Schüler des großen Reformators Tsongkhapa (1357 bis 1419), des Gründers der Gelug-pa-Schule. Sein Nachfolger Gendün Gyatso (1475 bis 1542) wurde als die Inkarnation (Wiedergeburt) Gendün Drups anerkannt, und so wurde er postum der zweite Dalai Lama. Sonam Gyatso (1543 bis 1588), der Nachfolger von Gendün Gyatso, wurde 1577 von Altan Khan (1502–1581), Häuptling der Khoschot-Tumet-Mongolen, in die Mongolei eingeladen. Er schaffte das Töten von Tieren und sogar Familienangehörigen beim Tode einer Person ab und schuf ein festes Fundament der buddhistischen Lehre im Lande. Sonam Gyatso wurde erstmals der Titel *Dalai Lama* (mongolisch »Ozean«, d.h. Weisheit und Wissen des Dalai Lama waren so groß wie der Ozean) vom mongolischen König verliehen, und seither tragen seine zwei Vorgänger rückwirkend und seine Nachfolger diesen Titel. Die

Beziehung zwischen dem Haus Altan Khans und der Gelugpa-Tradition wurde noch dadurch vertieft, daß der vierte Dalai Lama, Yönten Gyatso (1589–1617), der mongolischen Familie entstammte; er war der Urenkel von Altan Khan.

Aufgrund der Tatsache, daß der dritte Dalai Lama geistlicher Lehrer des mongolischen Königs Altan Khan war, und wegen der mongolischen Abstammung des vierten Dalai Lama waren die Mongolen später behilflich bei der Errichtung der Ganden-Phodrang-Regierung. Da die Unterdrükkung der Gelug-pa-Anhänger durch den Tsangpa-König, Patron der Karma-pas, unerträglich wurde, wandte sich der fünfte Dalai Lama, Ngawang Lobsang Gyatso, an den mongolischen König Gushri Khan (1584–1656) um Hilfe. Gushri Khan marschierte mit seiner Armee in Tibet ein, unterwarf die Fürsten in Nordosttibet, besiegte den Tsangpa-König und beendete so die Herrschaft der Tsangpa-Könige. Er machte die Gelug-pa-Tradition zur Staatsreligion und erhob 1642 den fünften Dalai Lama zum obersten religiösen Führer Tibets. Die Aufgabe der Landesverteidigung und den Schutz des Dalai Lama übernahm er selbst. Der Dalai Lama seinerseits verlieh ihm den Titel Tenzin Chögyal (d. h. Bewahrer des Glaubens, König der Religion). Gushri Khan führte auch das Amt des Desi (Premierminister) ein, der für alle politischen Angelegenheiten zuständig war. Nur in äußerst wichtigen Belangen hatte er sich mit dem Dalai Lama zu beraten.

Der fünfte Dalai Lama erklärte Lhasa zur Hauptstadt und verkündete, daß die tibetische Regierung fortan *Ganden-Phodrang* heiße, nach dem Namen seines Palastes im Kloster Drepung. Er erließ Gesetze, ernannte Gouverneure für die verschiedenen Distrikte und wählte Minister, die beauftragt wurden, eine Regierung zu bilden. Mit klugen Überlegungen vereinigte er sowohl die religiöse als auch die politische Macht in der Person des Dalai Lama. In dieser Tradition regierten die Dalai Lamas über ganz Tibet bis zum Jahre 1959.

Eine andere überragende Persönlichkeit der tibetischen Geschichte war Thubten Gyatso (1876–1933), der dreizehnte Dalai Lama. Unter allen Dalai Lamas war der dreizehnte einzigartig, denn er war der einzige unter ihnen, der sowohl die geistige als auch die politische Herrschaft über Tibet während seines ganzen Erwachsenenlebens ausübte. Charles Bell, der damalige politische Vertreter Großbritanniens in Tibet und ein enger Freund des dreizehnten Dalai Lama, schreibt in seiner Biographie, daß dieser eine Rolle gespielt habe, die keiner vor ihm im Verlauf der Weltgeschichte je gespielt habe und wahrscheinlich auch keiner je spielen würde. Weitherum bekannt für sein politisches und administratives Genie, war er für den Eintritt Tibets in die internationalen Beziehungen verantwortlich. Unter seiner Herrschaft wurden die Administration und das Militär modernisiert, Studenten ins Ausland geschickt sowie Post- und Telegraphendienste eingerichtet. Zum erstenmal wurde auch Papiergeld gedruckt. Während seiner Regierungszeit wurden ferner verschiedene zwischenstaatliche Abkommen mit Großbritannien, der Mongolei und China abgeschlossen.

Der chinesische Einfluß in Tibet, der seit 1720 ständig zugenommen hatte, begann unter seiner Herrschaft rasch zu schwinden. Ein Jahr nach dem Sturz der Mandschu-Dynastie in China proklamierte er 1912 die Unabhängigkeit Tibets. Bis 1950 hatte China überhaupt keinen Einfluß in Tibet. Kurz vor seinem Tod ahnte der dreizehnte Dalai Lama jedoch bereits die aus dem Osten drohende Gefahr. In seinem politischen Testament warnte er die Tibeter vor diesen Gefahren und forderte sie auf, vorbeugende Maßnahmen zu treffen. Leider blieben seine prophetischen Warnungen ungehört.

In die Regierungszeit seines Nachfolgers, des vierzehnten Dalai Lama, fällt die chinesische Invasion.

Der gegenwärtige Dalai Lama, S. H. Tenzin Gyatso, ist die vierzehnte Inkarnation in seiner Nachfolgelinie. Als fünftältestes von sieben überlebenden Kindern wurde er am 6. Juli 1935 als Sohn des Bauern Chökyong Tsering und dessen Frau Deyki Tsering in Taktser, einem kleinen Dorf im Nordosten Tibets (Amdo), geboren. 1940 wurde er offiziell als die vierzehnte Inkarnation anerkannt und auf den Löwenthron in Lhasa gesetzt. Nachdem er all die traditionellen Anforderungen und Prüfungen erfüllt hatte, widmete er sich 19 Jahre intensiven religiösen Studien und Übungen.

Sein Erscheinen in der tibetischen Politik erfolgte in einer besonders kritischen Zeit, da Tibet schwach und China stark war. Auf Drängen der tibetischen Nationalversammlung (Parlament) hat er mit 15 Jahren im Jahre 1950 – kurz nach der Invasion Tibets – die volle Verantwortung seines Amtes als religiöser und politischer Führer des tibetischen Volkes übernehmen müssen. Anläßlich der Feier zu seiner Amtsübernahme gewährte der junge Dalai Lama allen Gefangenen in Tibet Amnestie. Auch erwirkte er durch Verhandlungen die Freilassung des damaligen Generalgouverneurs von Kham, Ngabo, und seiner Mitarbeiter, die von den vorrückenden Chinesen gefangengenommen worden waren. Ferner bemühte er sich um eine friedliche Beilegung der kriegerischen Auseinandersetzung zwischen seinem Volk und den vordringenden Chinesen, indem er direkt an Mao Tse-tung schrieb. In seinem Schreiben drückte er seinen tiefen Wunsch nach Besserung der bisherigen Beziehungen zwischen Tibet und China aus. Er forderte Mao Tsetung auf, die chinesischen Besatzungstruppen aus den besetzten Gebieten Tibets zurückzuziehen.

Der Dalai Lama, von liberaler Gesinnung und vor allem Neuem gegenüber aufgeschlossen, versuchte zudem den Modernisierungsprozeß, den sein berühmter Vorgänger, der dreizehnte Dalai Lama, begonnen hatte, weiterzuführen. Nachdem er sein Regierungsamt angetreten hatte, tat er sein möglichstes, um längst fällige Änderungen und Reformen durchzusetzen. Er gründete eine Reformkommission, bestehend aus Volksvertretern mit einem Kabinettsminister als Vorsteher. Anfänglich war die Reformkommission in der Lage, eine Reihe von Reformmaßnahmen durchzuführen. Diese bestanden unter anderem in der Streichung der Schulden und Zinszahlungen, die älter als acht Jahre waren. Bei Schulden, die nicht so weit zurück datierten, wurde der Zins erlassen, und nur das Kapital mußte zurückgezahlt werden. Im weiteren wurde die Verwaltung zentralisiert und ein geregeltes Besteuerungssystem in allen Distrikten eingeführt, um Korruption und Amtsmißbräuche zu verhindern. Die Chinesen jedoch, die inzwischen bis nach Zentraltibet vorgedrungen waren, sabotierten die progressiven Beschlüsse der Reformkommission und verurteilten diese damit bald zur Handlungsunfähigkeit.

Dieses Scheitern der Reformkommission schreckte den Dalai Lama nicht ab, seine progressiven Ideen auch nach seiner Emigration im Exil weiterzuverfolgen. In Dharmsala (Nordindien) bildete er die tibetische Exilregierung, und er eröffnete in verschiedenen Ländern (z.B. in den USA, in Japan, in der Schweiz usw.) die sogenannten *The Office of Tibet.* Seine größte Sorge galt den tibetischen Kindern und Jugendlichen, welche die Samen für ein künftiges Tibet darstellen. Um ihnen ein gesundes Leben und eine zeitgemäße Ausbildung zu ermöglichen, errichtete er mit Unterstützung der indischen Regierung und vieler Hilfsorganisationen Schulen und Heime für sie. Für die tibetischen Flüchtlinge hat er landwirtschaftliche Siedlungen und Handwerkszentren errichten lassen, wo die Flüchtlinge eine neue Existenz aufbauen konnten.

1963 proklamierte der Dalai Lama den Entwurf einer neuen Verfassung, die eine demokratische Zukunft für Tibet gewährleisten sollte. Trotz starker Opposition im Volk bestand er auf einer Bestimmung, nach der ihm eine Zweidrittelmehrheit in der Nationalversammlung seine politische Macht entziehen könnte. Der Dalai Lama glaubt unerschütterlich daran, daß die Zukunft Tibets vom tibetischen Volk entschieden werden sollte. Er hat diese Überzeugung mehrmals ausdrücklich in der Öffentlichkeit vertreten und eine international überwachte Volksabstimmung in Tibet verlangt, auf daß sein Volk von seinen unveräußerlichen Rechten zur Selbstbestimmung und seinen fundamentalen Menschenrechten Gebrauch machen könne. Er sagt von sich selbst: »Ich bin ein überzeugter Anhänger der Lehre von der Gewaltlosigkeit, die zuerst Buddha, dessen Weisheit die wahre Natur des Seins enthüllte, in seinen entscheidenden Unterweisungen vertrat – jener Lehre, die der indische Heilige und Staatsmann Mahatma Gandhi unserer Zeit vorgelebt hat.«

Seine Heiligkeit Tenzin Gyatso ist der erste Dalai Lama, dessen Schriften in nichttibetanische Sprachen übersetzt worden sind. Er bereist Europa, Amerika, die Sowjetunion und den Fernen Osten; er trifft sich mit geistigen und politischen Führern, mit Wissenschaftlern, Schriftstellern, Philosophen und vielen einfachen Menschen aus aller Welt. Er betont das gemeinsame Ziel aller Glaubensrichtungen – den Frieden – und die Notwendigkeit der Einigkeit unter den verschiedenen Religionen. Das Schicksal seines Volkes ist auch sein Schicksal, und er läßt nichts unversucht, die Weltöffentlichkeit darauf aufmerksam zu machen.

Seine Botschaft bleibt stets dieselbe: Er glaubt an die Eintracht unter den Menschen, an die Notwendigkeit, Liebe und Mitgefühl allen Menschen gegenüber zu zeigen, an den Weg der Gewaltlosigkeit: »Ein gutes Herz zu entwickeln – diese Forderung gilt nicht nur für religiöse Menschen. Sie gilt für jedermann, unabhängig von Rasse, Religion oder politischer Bindung. Sie gilt für denjenigen, der sich als Mitglied der menschlichen Familie sieht.«

In den Reden an sein Volk betont er: »Liebe zur Wahrheit, Aufrichtigkeit, Achtung vor Älteren, Ausdauer, Anständigkeit und Verständnis für die Mitmenschen sind Eigenschaften, die uns Tibetern eigen sind. Daher müssen diese positiven Eigenschaften als ein fester Bestandteil unseres Volkscharakters bewahrt werden. Wenn wir uns um des persönlichen Vorteils willen unanständig, unaufrichtig und rechtswidrig benehmen, so machen wir uns nicht nur lächerlich, sondern wir sind schlechthin unwürdig, als Vernunftswesen angesehen zu werden.«

Sino-tibetische und anglo-tibetische Beziehungen seit dem 18. Jahrhundert

Die Beziehungen Tibets zu den chinesischen Kaisern waren je nach deren Bedeutung unterschiedlich, und sie lassen sich generell als eine Art »Priester-Patron-Beziehung« charakterisieren, das heißt, der höchste Lama Tibets wurde jeweils der geistige Berater des chinesischen Kaisers, der seinerseits die Herrschaft des Lamas in Tibet schützte und sicherstellte. Huc und Gabet, zwei Lazaristen-Missionare, gehörten zu den wenigen, die im 19. Jahrhundert Tibets Isolation durchbrechen konnten. Ihrer Feststellung zufolge glich die Regierung Tibets der des Papstes und die Stellung des chinesischen Botschafters in Tibet der des österreichischen Botschafters in Rom. Es war eine sehr flexible und elastische Beziehung, welche die Tibeter stets zu ihrem Vorteil (der Unabhängigkeit) auszunützen wußten. Franke stellt beispielsweise fest, daß Tibet zwar ein Teil des mongolischen Kaiserreiches gewesen sei, aber auf eine ganz besondere Art und Weise. Tibet sei nämlich weder ein Teil noch eine Provinz Chinas gewesen.

Der erste Mandschu-Kaiser in China, Shun-chih (1644–1661), lud den fünften Dalai Lama nach China ein. Der Dalai Lama nahm seine Einladung an. Während seines Besuches in der kaiserlichen Hauptstadt (1653) wurde er vom Kaiser mit großer Verehrung und als ebenbürtiges Staatsoberhaupt empfangen. *Rockhill,* der während einiger Jahre als amerikanischer Botschafter in China lebte, befaßte sich eingehend mit der Frage der tibetischen Unabhängigkeit und der Beziehung zwischen Tibet und China. Seine Nachforschungen stützen sich auf chinesische Quellen. Dabei gelangte er zu der Schlußfolgerung, daß der fünfte Dalai Lama 1652 Peking als völlig unabhängiges Staatsoberhaupt besuchte und daß er dementsprechend vom damaligen Mandschu-Kaiser empfangen wurde, daß Tibet zu jener Zeit also weder unter chinesischer noch unter anderer Herrschaft stand. Die »Priester-Patron-Beziehung« wurde auch zwischen Tibet und der Mandschu-Ching-Dynastie fortgesetzt.

Der siebente Dalai Lama, der 1708 in Litang (Osttibet) geboren wurde, begab sich 1716 in das Kloster von Kumbum, nahe dem Kokonor in Nordosttibet. Im gleichen Jahr überfielen die Dzungar-Mongolen Tibet und blieben drei Jahre dort. Als im Jahre 1721 der siebente Dalai Lama die Reise nach Lhasa antrat, sandte der Mandschu-Kaiser K'ang-hsi (1662–1722) 4000 Soldaten als Beschützer mit ihm nach Lhasa. Unterdessen waren die Dzungar-Mongolen aus Tibet abgezogen, weil sie vernommen hatten, daß die Tibeter unter der Führung von Miwang Pola und anderen eine große Armee zusammenstellten, um sie aus Tibet zu vertreiben. Auch die Nachricht von den Mandschu-Soldaten, die den siebenten Dalai Lama nach Lhasa begleiteten, bewog die Dzungar-Mongolen dazu, sich aus Tibet zurückzuziehen.

Mit der Entsendung von Soldaten nach Lhasa als Begleitung des Dalai Lama versuchte der Mandschu-Kaiser in Tibet Fuß zu fassen. Unter dem Vorwand der Sicherheit des Dalai Lama und des Zeichens der »Priester-Patron-Beziehung« wurden zwei Repräsentanten – bekannt als Ambans – mit einem kleinen Kontingent von Soldaten in Lhasa stationiert. Mit der Zeit begannen die Mandschus, sich in die Politik Tibets einzumischen und ihren Einfluß in der tibetischen Regierung auszudehnen. Alle Dalai Lamas zwischen der achten und zwölften Nachfolgelinie starben relativ früh, so daß sie keine nennenswerte religiöse und politische Verantwortung übernehmen konnten.

1911 wurde die Mandschu-Dynastie von den Nationalchinesen gestürzt. Noch im gleichen Jahr vertrieben die Tibeter die Mandschu-Soldaten aus Tibet, und die zwei Ambans wurden aus Tibet über Indien nach China ausgewiesen. 1912 proklamierte der dreizehnte Dalai Lama die Unabhängigkeit Tibets. Von 1912 bis 1950 war Tibet somit de jure wie auch de facto absolut unabhängig.

Die Mandschus, dies muß an dieser Stelle betont werden, mischten sich nur in die Außenpolitik Tibets ein. In bezug auf die internen Angelegenheiten genoß die tibetische Regierung volle Handlungsfreiheit. Ferner unterzeichnete sie eine Anzahl von Verträgen mit anderen Staaten (z. B. mit Nepal). Zudem bestehen nirgends offizielle historische Aufzeichnungen, die irgendwie belegen, daß China vor 1950 jemals eine anerkannte und kontinuierliche Machtbefugnis in oder über Tibet ausgeübt hat. Es ist ebenfalls zu bemerken, daß die Chinesen die Mandschus, die China beherrscht haben, als fremde Eindringlinge betrachteten. Man muß überdies die Tatsache berücksichtigen, daß die Tibeter die Mandschus aus ihrem Land zur gleichen Zeit vertrieben, als die Chinesen gegen sie revoltierten. Der chinesische Aufstand gegen die Mandschu-Herrscher widerlegt daher Chinas Machtanspruch auf Tibet während der Regierungszeit der Mandschu-Dynastie. Erst seit 1959 üben die Chinesen zum erstenmal in der Geschichte Tibets die volle Kontrolle über dieses Land aus. Obwohl es an Versuchen, die Macht in Tibet zu übernehmen, nicht gefehlt hat. So versicherte 1927 Chiang Kaishek dem dreizehnten Dalai Lama in einem Schreiben, China werde Tibet in jeglicher Beziehung unterstützen, vorausgesetzt, der Dalai Lama akzeptiere Chinas Suzeränität über Tibet. In seinem Antwortschreiben erklärte der Dalai Lama, er sei bereit, freundschaftliche Beziehungen zwischen den beiden Ländern aufrechtzuerhalten, es sei ihm hingegen unmöglich, seinerseits chinesische Suzeränität über Tibet zu akzeptieren.

Da Tibet ein stark religiös orientiertes Land war, begrenzte es seine externen Beziehungen auf das Minimum. Auch die geographische Lage trug dazu bei. Diese isolationistische Einstellung Tibets wurde von den Chinesen ausgenützt, indem sie Suzeränität über Tibet beanspruchten. Nach außen hin gab China vor, es vertrete Tibet in außenpolitischen Angelegenheiten. Diese der Realität nicht entsprechende Behauptung Chinas verwirrte die übrige Welt. So wußte Großbritannien im 19. Jahrhundert nicht richtig, mit wem es in Angelegenheiten von Handelsbeziehungen und Grenzregelungen betreffend Tibet zu verhandeln habe. Großbritanniens und Chinas Politik gegenüber Tibet beruhte ferner auf expansionistischen Überlegungen. Sie war nicht die Auslegung realer Situationen. Ohne die betreffenden Länder zu konsultieren, schlossen zum Beispiel Großbritannien und Rußland 1907 ein Abkommen ab, worin sie sich einigten, mit Tibet nur durch China und mit Afghanistan und Iran nur durch Großbritannien zu verhandeln. Mit der Begründung, sie seien über diesen Vertragsabschluß nicht informiert bzw. konsultiert worden, lehnten es die drei genannten Länder ab, dieses Abkommen zu akzeptieren.

Um den wirklichen Status Tibets feststellen zu können, ersuchte Großbritannien 1878 die chinesische Regierung um die Erlaubnis für die Entsendung einer britischen Forschungsexpedition nach Tibet. Die chinesische Regierung willigte ein, aber die tibetische Regierung verbot der Expedition das Betreten tibetischen Bodens. China war dagegen machtlos.

1890 verhandelte Großbritannien mit China über die Grenze zwischen Tibet und Sikkim, das damals britisches Protektorat war. Die tibetische Regierung weigerte sich, dieses Abkommen anzuerkennen mit der Begründung, Verträge mit China seien für Tibet nicht verbindlich. China war wiederum hilflos. Verärgert über diesen Zustand, schrieb der damalige Vizekönig von Indien, Lord Curzon, an den britischen Staatssekretär (1903), daß die »chinesische Suzeränität über Tibet eine verfassungsmäßige Affektiertheit und eine politische Mythe gegenseitiger Bequemlichkeit beider Parteien« sei.

Großbritannien war außerdem über die Entwicklung freundschaftlicher

Beziehungen zwischen Tibet und Rußland besorgt. Um mit der tibetischen Regierung in Lhasa direkt Kontakt aufzunehmen, sandte Großbritannien 1903 eine Militärexpedition unter dem Kommando von Oberst Younghusband nach Tibet. Die schlecht ausgerüstete tibetische Armee wurde von den Briten besiegt, und diese marschierten in Lhasa ein. Im folgenden Jahr (1904) unterzeichneten Tibet und Großbritannien einen bilateralen Vertrag, um die künftigen Beziehungen beider Länder festzulegen. Wenn China wirklich Suzeränität über Tibet ausgeübt hätte, hätte die chinesische Regierung die britische Militärexpedition nach Tibet und den anschließenden bilateralen Vertrag auf keinen Fall tolerieren können; aber China tat nichts.

1914 fanden in Simla (Nordindien) Verhandlungen über die indo-tibetische Grenze zwischen den gleichberechtigten Bevollmächtigten Großbritanniens (Sir Henry McMahon), Tibets (Lönchen Shatra) und Chinas (Ivan Chen) statt. Die »Simla-Konvention« wurde jedoch von China nicht unterzeichnet, so daß Tibet und Großbritannien eine separate Konvention abschlossen, deren Hauptergebnis die berühmte »McMahon-Linie« war, die noch heute Gültigkeit hat.

1918 brach wieder ein Grenzkrieg zwischen Tibet und China aus. Auf Ersuchen der chinesischen Regierung bat Großbritannien die tibetische Regierung um ihr Einverständnis für die Entsendung des britischen Konsuls in Chengtu, Sir Eric Teichman, als Vermittler zwischen Tibet und China nach Osttibet. Die tibetische Regierung hatte dagegen keine Einwände. Durch die Vermittlung Teichmans kam es im August 1918 zur Unterzeichnung eines Waffenstillstandsabkommens zwischen den Bevollmächtigten beider Länder. In diesem Abkommen wurde auch die sino-tibetische Grenze festgelegt. In »Affairs of China« (1938) schrieb Teichman später: »Keine Spur jeglicher chinesischer Machtbefugnisse hat seit 1912 im von Lhasa regierten Tibet überlebt oder ist wiedererschienen.«

Invasion und Annexion

Im Oktober 1949, unmittelbar nach der Machtübernahme durch die Kommunisten in China, meldete Radio Peking, Tibet sei ein Teil Chinas und die Volksbefreiungsarmee werde in Tibet einmarschieren, um das Land von fremden Imperialisten zu befreien. Im November meldete Radio Peking ferner, daß der Panchen Lama einen Appell an Mao Tse-tung gerichtet hätte, Tibet zu befreien. Der Panchen Lama war damals elf Jahre alt.

Auf diese Meldung reagierte die tibetische Regierung energisch und protestierte bei der chinesischen Regierung, indem sie ausdrücklich betonte, daß die Beziehung zwischen Tibet und China lediglich eine »Priester-Patron-Beziehung« darstelle und Tibet niemals ein Teil Chinas gewesen sei. Außerdem bestünden gar keine Gründe für die Befreiung Tibets, da keine fremden Mächte Tibet kontrollierten.

Bereits im Oktober 1950 begann der Einmarsch der Volksbefreiungsarmee Chinas in Osttibet. Chamdo, der Hauptort von Osttibet, wurde besetzt. *Robert Ford*, ein Engländer, der damals als Funker von der tibetischen Regierung angestellt war, schreibt in seinem Buch »Gefangen in Tibet« folgendes: »... Ich hörte Nachrichten aus der ganzen Welt, aber über den Überfall auf Tibet war nichts zu vernehmen.« Im gleichen Jahr entsandte die tibetische Regierung eine Sonderdelegation unter der Leitung von Shakabpa nach Indien, um mit China zu verhandeln und Premierminister Nehru zu konsultieren. Gleichzeitig protestierte Tibet bei den Vereinten Nationen gegen die gewaltsame Besetzung seiner Gebiete. El Salvador bemühte sich, die Tibet-Frage vor die UNO-Vollversammlung zu bringen. Nachdem der indische UNO-Delegierte erklärt hatte, eine friedliche Lösung mit gegenseitigen Vorteilen für Tibet, China und Indien könne ohne eine Erörterung der Tibet-Frage in der UNO-Vollversammlung herbeigeführt werden, wurde die Tibet-Frage verschoben. Der britische Delegierte behauptete, die rechtliche Lage Tibets sei unklar. Diese Erklärung war nichts anderes als die Wiederholung der trügerischen Politik der britischen Regierung in Asien, und sie entsprach der wirklichen Situation nicht, wie dies die verschiedenen Abkommen zwischen Tibet und Großbritannien beweisen. Diese Verträge wurden später von der Regierung Indiens nach dessen Unabhängigkeit im Jahre 1947 auch anerkannt. Für die Tibeter bedeutete diese Entscheidung der UNO eine bittere Enttäuschung.

Auf den verbalen Protest der indischen Regierung reagierte Peking empört und verbat sich nach bekannter Manier jede »Einmischung in seine inneren Angelegenheiten« in Tibet. Die gewaltige militärische Übermacht der Chinesen machte einen aussichtsreichen Widerstand der Tibeter unmöglich. Dennoch stießen die chinesischen Besatzungstruppen auf heftige Gegenwehr, insbesondere in Osttibet. Im November des gleichen Jahres (1950) übertrug die tibetische Nationalversammlung (Tsongdu) die religiöse und politische Macht auf den erst 15 Jahre alten Dalai Lama. Angesichts der drohenden Gefahr begab sich der Dalai Lama nach Yatung (Südtibet) und ernannte unter anderem Lukhangwa zum Premierminister. Um ein Blutbad zu vermeiden, unternahm der Dalai Lama den Versuch, mit China eine friedliche Lösung herbeizuführen. Eine tibetische Delegation unter der Leitung von Ngabo Ngawang Jigme, der zuvor von den vorrückenden Chinesen gefangengenommen worden war, wurde nach Peking geschickt. Ngabo war damals der Generalgouverneur von Kham, Osttibet. Die tibetische Regierungsabordnung traf Anfang 1951 in Peking ein. Die Verhandlungen glichen allem anderen als einem »völkerverbindenden« Dialog. Den Wahrheitsbeweis, daß Tibet ein unabhängiger und souveräner Staat sei, akzeptierten die Chinesen nicht. Hingegen zwangen sie die tibetischen Vertreter, das sogenannte 17-Punkte-Abkommen zu unterzeichnen. Sie durften die Regierung in Lhasa nicht konsultieren. Die die Gültigkeit der Vereinbarung bestätigenden tibetischen Siegel wurden in Peking gefälscht. Die wichtigsten Artikel dieses erzwungenen Abkommens lauten:

Art. 3: In Übereinstimmung mit den im Programm der Beratenden Versammlung der Volksrepublik China aufgestellten Richtlinien wird das tibetische Volk unter der Leitung der Zentralregierung des Volkes eine örtliche Autonomie genießen.

Art. 4: Die Zentralbehörden werden das politische Regime Tibets nicht verändern. Sie werden an der Stellung, den Funktionen und Machtbefugnissen des Dalai Lama nicht rütteln. Die Beamten aller Grade werden in ihren Stellungen belassen.

Art. 7: Die religiöse Freiheit, wie sie in der von der Beratenden Versammlung des chinesischen Volkes erlassenen Urkunde garantiert ist, erhält für Tibet Geltung. Die religiösen Bekenntnisse und Bräuche des tibetischen Volkes werden respektiert; die lamaistischen Klöster werden geschützt. Die Zentralbehörden werden an den Einkünften der Klöster nichts ändern.

Art. 11: In keiner Hinsicht werden die Zentralbehörden auf die in Tibet einzuführenden Reformen irgendeinen Zwang ausüben. Die örtliche Regierung Tibets wird selbst diese Reformen vornehmen und sie, wenn das Volk danach verlangt, im Einvernehmen mit den chinesischen Behörden durchführen.

Auf Ersuchen der Chinesen kehrte der Dalai Lama im gleichen Jahr (1951) nach Lhasa zurück. Die Folge der Unterzeichnung des Abkommens war das Ende der De-facto-Selbständigkeit Tibets. Dieser Vertrag wurde 1959 von den Tibetern offiziell gekündigt, da Peking sich nicht an die Vereinbarungen gehalten hatte. 1954 wurden der Dalai Lama und der Panchen Lama von der chinesischen Regierung eingeladen, an der »Nationalversammlung des Volkes« in Peking teilzunehmen. Das tibetische Volk mißbilligte diese Einladung. Trotzdem kam der Dalai Lama der Einladung nach, um die ohnehin gespannte Lage nicht noch zu verschlimmern. In Peking traf er mit Mao Tse-tung, Chou En-lai und anderen chinesischen Führern zusammen. Er hatte auch eine kurze Unterredung mit Nehru, der sich zur gleichen Zeit in Peking aufhielt. Als im selben Jahr Chou En-lai und Nehru einen sino-indischen Freundschaftsvertrag unterzeichneten, der als »Fünf Grundsätze einer friedlichen Koexistenz« bekannt wurde, erhielt die Unabhängigkeit Tibets den Todesstoß.

Auf Einladung der buddhistischen Gesellschaft Indiens nahm der Dalai Lama 1956 an der Feier zum 2500. Todestag Buddhas teil. Dieser Indienbesuch kam jedoch erst nach harten Verhandlungen mit den Chinesen zustande. Anfang 1957 kehrte er nach Tibet zurück. Während seines Aufenthaltes in Indien traf er auch mit Nehru zusammen. Dieser riet ihm, die Bemühungen um eine friedliche Lösung der Tibet-Frage fortzusetzen. Nehru nahm eine Einladung des Dalai Lama zu einem Besuch in Tibet an. Auf Druck der Chinesen sagte Nehru seinen Besuch wieder ab.

Die tibetische Widerstandsbewegung

Unterdessen hatten die Chinesen ungeachtet aller früheren Vereinbarungen begonnen, ihre »Reformen« den Tibetern aufzuzwingen. Ihre willkürlichen Handlungen und ihr intolerantes Verhalten stießen mit der Zeit auf vermehrten Widerstand unter der tibetischen Bevölkerung. Eine Delegation der tibetischen Bevölkerung überreichte 1952 dem chinesischen General in Lhasa ein Memorandum, in dem sie das Empfinden des tibetischen Volkes zum Ausdruck brachte: »Für uns Tibeter ist die Phrase ›Die Befreiung Tibets‹ mit ihren moralischen und geistigen Implikationen ein tödlicher Hohn. Das Land eines freien Volkes wurde unter dem Vorwand der ›Befreiung‹ überfallen und gewaltsam besetzt. Befreiung von wem? Unser Land war ein glückliches Land, bevor Ihr uns unterjocht habt. Somit fordern wir, daß alle Chinesen Tibet verlassen.«

Die tibetische Widerstandsbewegung wurde wenige Jahre nach der chinesischen Invasion ins Leben gerufen. Sie äußerte sich in gewaltlosen, aber auch gewalttätigen Protestkundgebungen und blutigen Partisanenkämpfen. Sie war die Reaktion des tibetischen Volkes auf die Unterdrükkung durch die chinesische Besatzungsmacht.

Vor allem war es Andrugtsang Gompo Tashi aus Kham, der ein Partisanenheer aus mehreren tausend Freiheitskämpfern aufstellte. Das Partisanenheer wurde Tenzung Dhanglang Mag (= Freiwillige Armee zur Verteidigung des Glaubens und Tibets) genannt. In Zentraltibet bestand schon 1952 eine geheime Volksbewegung.

Vom Osten her, wo die Chinesen Zwangsmaßnahmen ergriffen hatten, um ihre »Reformen« durchzuführen, breiteten sich der bewaffnete Widerstand und die Demonstrationen rasch über ganz Tibet aus, bis die Bewegung im offenen Aufstand am 10. März 1959 in Lhasa ihren dramatischen Höhepunkt erreichte. Doch – was die Welt im allgemeinen nicht erfuhr – bedeutete diese erfolglose Revolte mitnichten das Ende des tibetischen Widerstandes.

In den sechziger Jahren wurden weitverbreitete Angriffe, Demonstrationen und Flugblattkampagnen gegen die Chinesen durchgeführt. Ein ständig fließender Strom von Flüchtlingen berichtete übereinstimmend von Zwischenfällen in verschiedenen Provinzen, in denen die offene Opposition durchgebrochen war. Zudem reorganisierten sich die aus Tibet geflüchteten Partisanen mit Hilfe der Amerikaner in Mustang an der tibeto-nepalesischen Grenze und bauten dort eine neue Partisanenbasis auf. Neue Freiheitskämpfer wurden rekrutiert und ausgebildet. Von Mustang aus unternahmen sie Überfälle auf chinesische Militäreinheiten und Nachschubgeleitzüge in Westtibet. 1974 wurden die tibetischen Partisanen von Nepal entwaffnet. Dies war die Folge des politischen Druckes auf die nepalesische Regierung durch Peking.

Während der chaotischen Zeit der Kulturrevolution (1966–1969) erhoben sich bewaffnete Tibeter an verschiedenen Orten. Bis 1972 verloren weit über 50 000 Tibeter in 18 verschiedenen Gegenden (Lhasa, Chamdo, Kongpo, Lhoka u. a.) der »Autonomen

Region Tibet« ihr Leben bei bewaffneten Angriffen auf chinesische Besatzungstruppen.

In den fünfziger Jahren wurde eine große Anzahl tibetischer Kinder und Jugendlicher zur Indoktrination nach China deportiert. Das Ergebnis der Untersuchung der Internationalen Juristenkommission: »Es besteht kein Zweifel an der Glaubwürdigkeit der Beweise, nach denen eine große Anzahl von Kindern ... unter Gewaltanwendung oder Androhung von Gewalt aus ihren Elternhäusern entfernt und von Tibet nach China gebracht worden sind. In anderen Fällen wurden die Kinder offenbar im Einklang mit ihren eigenen Wünschen, aber im Gegensatz zu den Wünschen ihrer Eltern fortgeschafft.«

Trotzdem macht sich seit der Kulturrevolution ein neuer Faktor in der tibetischen Widerstandsbewegung bemerkbar: das Auftauchen einer jugendlichen, scharf antichinesischen Opposition. Unter der tibetischen Jugend greift eine allgemeine Unzufriedenheit und eine tiefe Enttäuschung über die reale chinesische Politik gegenüber Tibet um sich. Antichinesische Aktivitäten im Untergrund mehren sich. Im Juni 1968 demonstrierten 61 junge Tibeter im Haupttempel von Lhasa (Tsugla-Khang). Die meisten von ihnen wurden sofort erschossen und einige schwer verletzt. 1971 warf ein junger Tibeter in Shigatse eine Handgranate auf eine Militärbaracke und verursachte großen Schaden. Seit 1962 wurden offiziell 44 Fälle von Protestkundgebungen bekannt; 39 waren gewalttätig und 5 friedlich. Die genaue Zahl der Untergrundorganisationen ist nicht bekannt, aber zwischen 1962 und 1976 wurden deren 9 entdeckt und ihre Führer hingerichtet.

Noch heute dauert der Widerstand an. 1970 wurde in Lhasa eine geheime Jugendorganisation aufgedeckt, die antichinesische Propaganda verbreitete. Die Führer dieser Gruppe wurden öffentlich hingerichtet. 1976 wurde eine geheime unterirdische Leitung, welche die Militärkommandozentren zwischen Dhingri und Dakmar (Südtibet) verband, abgeschnitten. Anfang 1977 wurde auf der Yünnan–Tibet-Straße ein Geleitzug der Volksbefreiungsarmee überfallen und in Brand gesteckt.

Auch im Exil lebt die Widerstandsbewegung in gewaltloser Form weiter. 1977 führte beispielsweise eine Massendemonstration in Delhi vor dem chinesischen Botschaftsgebäude zur Inhaftierung von über 200 Tibetern, die später wieder freigelassen wurden. Ein zehntägiger Hungerstreik von sieben Tibetern (darunter eine Frau) vor dem UNO-Informationsgebäude in Neu-Delhi erreichte die Zusicherung der indischen Regierung, die Tibet-Frage vor der UNO aufzuwerfen. Auch die jährliche Gedenkfeier, die überall dort begangen wird, wo Tibeter leben, ist ein Symbol dieses Freiheitskampfes.

Der Nationalaufstand vom 10. März 1959

Im Februar 1959 versammelten sich Tausende von Tibetern, vor allem Mönche aus den umliegenden Klöstern, in Lhasa, um am jährlichen *Fest der Großen Gebete* teilzunehmen. Auch viele Partisanenführer kamen nach Lhasa, um den bereits begonnenen Aufstand außerhalb Lhasas auch in der Hauptstadt in Bewegung zu setzen. Anfang März wurde der Dalai Lama vom chinesischen General zu einer Kulturvorstellung im chinesischen Militärlager eingeladen. Er sollte jedoch ohne seine üblichen Leibwächter und nur mit den Ministern dorthin kommen. Diese ungewöhnliche Einladung erweckte das latent vorhandene Mißtrauen der Bevölkerung in Lhasa. Sie fürchtete, diese Einladung könnte nichts anderes als eine Falle bedeuten, um den Dalai Lama zu entführen. Der Dalai Lama hatte die Einladung des Generals angenommen. Über 30000 Tibeter versammelten sich zum Schutze des Dalai Lama um den Sommerpalast. Dies gab den Führern der geheimen »Volksbewegung« die Gelegenheit, endlich öffentlich hervorzutreten. Seit ihrer Entstehung im Jahre 1952 hatten ihre Führer nur aus dem Untergrund operiert.

Die tibetische Regierung, deren Befriedungspolitik sich nun als ein Fehlschlag erwiesen hatte, realisierte, daß China Gewalt anwenden würde, um das tibetische Volk niederzuwerfen. Gegen den Wunsch des Dalai Lama waren die Partisanenführer und die Führer der geheimen Volksbewegung der festen Überzeugung, daß Gewalt mit Gewalt beantwortet werden müsse. Sie kamen zusammen und planten ihr gemeinsames Vorgehen. Die Sicherheit des Dalai Lama war das oberste Ziel. Regierungs- und Volksvertreter trafen im Sommerpalast zusammen und gaben nach einer Lagebesprechung eine gemeinsame Erklärung ab, worin sie wiederholten, daß Tibet seit jeher eine unabhängige Nation gewesen sei. Sie klebten überall in Lhasa Flugblätter an die Mauern. Tausende von Tibetern marschierten durch die Straßen, um so ihre Unterstützung für die gemeinsame Erklärung auszudrücken. Die Situation glich einem Pulverfaß.

Auf Drängen der Tibeter mußte der Dalai Lama – als einfacher Soldat verkleidet – am 17. März die Hauptstadt unter größter Geheimhaltung verlassen und nach Süden flüchten. Das ganze südliche Gebiet befand sich noch unter der vollen Kontrolle der Partisanen. Am 19. März wurden der Sommerpalast und der Winterpalast (Potala) und auch die Stadt Lhasa mit schweren Geschützen beschossen. In und um Lhasa brachen heftige Kämpfe aus, in deren Verlauf über 65000 Tibeter – darunter viele Frauen und Kinder – den Tod fanden. Am 22. März wurde das Feuer eingestellt. Die Flucht des Dalai Lama wurde von den Chinesen erst nach drei Tagen entdeckt. Am 18. April erreichte der Dalai Lama mit seiner Gefolgschaft die indische Grenzstadt Tezpur.

Im Exil

Aus dem Exil in Indien richtete der Dalai Lama mehrmals Hilferufe an die Weltöffentlichkeit und an die UNO. Die Republik Irland und der Malaiische Bund bemühten sich, die Tibet-Frage auf die Tagesordnung der nächsten Sitzungsperiode der Vereinten Nationen zu bringen. Im Hauptausschuß der UNO wurde erörtert, ob die Tibet-Frage zur Diskussion in der Vollversammlung empfohlen werden solle. Irland, Malaysia und die USA unterstützten diesen Vorschlag, der jedoch auf heftige Opposition der UdSSR stieß. Trotzdem wurde der Vorschlag mit 11 gegen 5 Stimmen bei 4 Enthaltungen beschlossen. Die angesehene Internationale Juristenkommission stellte Untersuchungen über die Ereignisse in Tibet seit der chinesischen Besetzung an und veröffentlichte darüber zwei Gutachten, in denen bewiesen wurde, daß die chinesische Besatzungsmacht in Tibet Akte des Völkermordes (Genozid) begangen hatte mit dem Ziel, die tibetische Bevölkerung als religiöse und kulturelle Gruppe zu vernichten. Die UNO-Vollversammlung nahm eine unverbindliche Resolution an, in der sie das Vorgehen der Chinesen in Tibet verurteilte und China aufforderte, die fundamentalen Menschenrechte – einschließlich des Rechts auf Selbstbestimmung des tibetischen Volkes – zu respektieren. Diese Resolution, die 1961 und 1965 wiederholt wurde, erzielte überhaupt keine greifbaren Ergebnisse zugunsten der legitimen Forderungen des tibetischen Volkes. Sie entpuppte sich lediglich als ein unverbindlicher verbaler Protest gegen die unmenschliche Unterdrückung eines freien Volkes. Vielleicht ist dies auch darauf zurückzuführen, daß China damals noch nicht Mitglied der UNO gewesen ist. Es stellt sich jedoch die Frage, ob diese Resolution auch heute irgendwelche konkreten Ergebnisse zugunsten des tibetischen Volkes erbringen würde.

1960 wurde das nordindische Dorf Dharamsala die neue Residenz des Dalai Lama. In dieser Zeit der Not, der Verzweiflung und des Elends setzten alle Tibeter ihre ganze Hoffnung auf den Dalai Lama. Er ermutigte seine verzweifelten Landsleute und bereitete sie auf das neue Leben im Exil vor. Aus dieser Notwendigkeit heraus gründete er 1960 eine tibetische Exilregierung und beauftragte sie mit folgenden Aufgaben:

- Betreuung der tibetischen Flüchtlinge
- Pflege der tibetischen Kultur, Religion und Sprache
- Erziehung und Ausbildung der tibetischen Kinder
- Bewahrung der nationalen und kulturellen Identität im Exil
- Verteidigung der nationalen Souveränität des tibetischen Volkes auf der Grundlage einer demokratischen Staats- und Gesellschaftsordnung
- Fortführung des tibetischen Freiheitskampfes im Interesse der sechs Millionen Tibeter in Tibet und im Exil

Die tibetische Exilregierung ist auf den Grundsätzen der provisorischen demokratischen Verfassung aufgebaut. Diese Verfassung für ein zukünftiges Tibet wurde 1963 vom Dalai Lama dem tibetischen Volk verkündet. Den Sinn und Zweck dieser Verfassung formuliert er im Vorwort wie folgt: »Dieser Verfassungsentwurf soll dem tibetischen Volk neue Hoffnung und eine neue Vorstellung geben, wie Tibet nach Erlangung seiner Unabhängigkeit regiert werden soll. Die Verfassung, die auf Grundsätzen der buddhistischen Lehre sowie auf Ideen und Idealen unseres Jahrhunderts beruht, soll »dem tibetischen Volk ein demokratisches System sichern, das sich auf Gerechtigkeit und Gleichheit stützt und den kulturellen, religiösen und wirtschaftlichen Fortschritt des tibetischen Volkes sicherstellt.«

Die Tibet-Frage vor den Vereinten Nationen

Die »Tibet-Frage« wurde mehrmals vor der UNO-Vollversammlung behandelt. Gemäß internationalem Recht ist ein souveräner Staat dann existent, wenn sein Gebiet von seinem Volk und seiner Regierung effektiv kontrolliert wird und er in der Lage ist, internationale Beziehungen einzugehen.

Dies trifft auf den souveränen Staat Tibet zu:

– *Territorium:* Das historische, kulturelle und ethnische Gebiet Tibets erstreckt sich von der McMahon-Linie im Westen und Süden bis zu Kunlun und Altyn Tagh im Norden und den Dhartse-Dho im Osten. Das ganze Gebiet umfaßt rund zwei Millionen Quadratkilometer.

– *Volk:* Die sechs Millionen Tibeter bilden ethnisch, kulturell, sprachlich und historisch ein Volk, das sich von seinen Nachbarvölkern eindeutig unterscheidet.

– *Regierung:* Die tibetische Regierung in Lhasa mit dem Dalai Lama als religiösem und weltlichem Oberhaupt war bis 1951 die unangefochtene Herrscherin über Tibet. Seit 1912 hatte China weder Macht noch Einfluß irgendwelcher Art in oder über Tibet ausgeübt.

Zu diesem Schluß kam auch die Internationale Juristenkommission in zwei Gutachten über die Vorgänge in Tibet seit der chinesischen Annexion.

Die historische Vergangenheit bietet nach diesen Tatbeständen keine Handhabe für die chinesische Behauptung, Tibet sei schon immer ein Teil Chinas gewesen. Selbst wenn wir eine gewisse Suzeränität Chinas über Tibet während einiger Zeitabschnitte der Geschichte annehmen, kann dies nichts an der Tatsache ändern, daß nach internationalem Rechtsverständnis Tibet zwischen 1911 und 1950 ein absolut souveräner Staat war.

Im November 1950 appellierte die tibetische Regierung erstmals an die Vereinten Nationen und machte sie darauf aufmerksam, daß die chinesische Behauptung, Tibet sei immer ein Teil Chinas gewesen, den historischen Tatsachen und dem tibetischen Empfinden völlig widerspreche und daß der chinesische Angriff in Osttibet eine klare Aggression einem friedlichen Land gegenüber darstelle.

Der tibetische Hilferuf wurde von der UNO völlig ignoriert. Besonders enttäuschend für die Tibeter war die ablehnende Haltung Indiens und Großbritanniens. Einzig die Republik El Salvador bemühte sich damals, eine Verurteilung Chinas zu erreichen. Gegen Ende des Jahres sandte Tibet nochmals zwei verzweifelte Telegramme an die UNO mit der Bitte, eine unabhängige Untersuchungskommission nach Tibet zu entsenden. Tibet erhielt auf dieses Ersuchen nicht einmal eine Antwort.

Neun Jahre später befaßte sich die UNO endlich wieder mit der Tibet-

Frage, nachdem der Dalai Lama aus dem indischen Exil nochmals einen Hilferuf an das Gewissen der Weltöffentlichkeit gerichtet hatte. Inzwischen lagen die Berichte der Internationalen Juristenkommission vor, und die Vereinten Nationen mußten sich wohl oder übel mit Tibet befassen. Die indische Regierung unter Premierminister Nehru mißbilligte den Appell, wohl aus politischem Opportunismus, wiederum nachdrücklich. Der Dalai Lama war hingegen davon überzeugt, daß seine Entscheidung, an die UNO zu appellieren, der einzige mögliche Weg war, der ihm noch offenstand.

Dank den Bemühungen der Republik Irland und des Malaiischen Bundes konnte im September 1959 die Tibet-Frage auf die Tagesordnung der nächsten Sitzungsperiode der Vereinten Nationen gesetzt werden. Die Diskussion über den gemeinsamen Entschließungsantrag Irlands und des Malaiischen Bundes fand dann am 20./21. Oktober 1959 statt. Die Delegierten El Salvadors und Kubas befürworteten ihn. Der Antrag konzentrierte sich auf die humanitären Aspekte der Tibet-Frage, und zwar auf die grobe Verletzung der fundamentalen Menschenrechte in Tibet. Er verlangte »Achtung vor den fundamentalen Menschenrechten des tibetischen Volkes und seines besonderen kulturellen und religiösen Lebens«. Die Diskussion über die Anerkennung der Unabhängigkeit Tibets wurde infolge der allgemeinen Unkenntnis erneut fallengelassen. Dazu trug wiederum die unaufrichtige Haltung der Vertreter Großbritanniens und Indiens bei. Trotzdem wurde die Resolution mit 46 gegen 9 Stimmen bei 26 Enthaltungen von der 834. Vollversammlung der Vereinten Nationen angenommen.

Dank der Unterstützung des Afroasiatischen Rates konnte 1960 die Tibet-Frage erneut auf die Tagesordnung der UNO-Vollversammlung gesetzt werden. Wegen der Ereignisse in Afrika mußte die Behandlung des von Thailand und dem Malaiischen Bund eingebrachten und von Irland und El Salvador unterstützten Antrages vertagt werden. Erst im Dezember 1961 konnte darüber abgestimmt werden. 56 Ja-Stimmen standen 11 Nein-Stimmen gegenüber, bei 29 Enthaltungen. Unter Berufung auf die Resolution über Tibet vom Oktober 1959 verurteilten die Vereinten Nationen das Vorgehen Chinas in Tibet und forderten die Beendigung der unterdrückenden Maßnahmen.

Diese Resolution, die 1965 von der UNO-Vollversammlung wiederholt wurde, hat für das tibetische Volk bis heute überhaupt keine greifbaren Ergebnisse gezeitigt.

Tibet nach der Besetzung

Diese Zusammenfassung der Entwicklungen und der derzeitigen Verhältnisse in Tibet stützt sich auf Tausende von Flüchtlingsberichten, auf Angaben von nepalesischen Händlern und auf viele andere zuverlässige Quellen, hauptsächlich aus der sogenannten »Autonomen Region Tibet«. Informationen über die östliche Region Tibets – Kham und Amdo – sind äußerst spärlich. Am 28. März 1959 wurde die tibetische Regierung aufgelöst, und das »Vorbereitungskomitee des Autonomen Gebiets von Tibet« wurde bevollmächtigt, Funktionen und Befugnisse der tibetischen Regierung zu übernehmen. Gleichzeitig wurde die tibetische Währung ab sofort für ungültig erklärt.

Im März 1959 wurde die sogenannte Kampagne der »drei Reinheiten« gestartet mit der Absicht, alle diejenigen, die irgendwie mit dem Aufstand zu tun hatten, zu liquidieren. Die »drei Reinheiten« waren: »Säuberung von Reaktionären, versteckten Volksfeinden und Ablieferung aller Waffen.« Ungeachtet dessen, ob sie am Aufstand beteiligt waren oder nicht, wurden alle Männer in Lhasa festgenommen. Viele wurden eingekerkert, während andere in die damals errichteten Zwangsarbeitslager in Nachen Thang geschickt wurden.

Die Politik der »demokratischen Reform« war ein Widerspruch zur ursprünglichen Erklärung Chinas, worin Peking behauptete, die Chinesen seien gekommen, um Tibet von »fremden Imperialisten« zu befreien und um den Tibetern zu helfen. Doch während der »demokratischen Reform« erklärten sie, »sie seien gekommen, um die armen Massen von der Unterdrückung der drei großen ›Herren der Leibeigenen‹ zu befreien.« Die ganze tibetische Gemeinschaft wurde in verschiedene Klassen eingeteilt, um das sogenannte »Klassenbewußtsein« zu erwecken.

Alle Regierungsbeamten, Klostervorsteher, Lamas und privaten Grundbesitzer wurden als die »drei Herren der Leibeigenen« qualifiziert und all ihres Besitzes beraubt. Doch bald wurde auch das einfache Volk ausgebeutet. Im Verlauf einer neuen Kampagne wurde die gesamte Jahresernte genauestens registriert. Unter dem Vorwand der Besteuerung, wie »Staatsgetreidesteuer«, »Steuer für Vorsichtsmaßnahmen gegen Hungersnot«, »Kriegsvorbereitungssteuer« usw., wurden große Getreidemengen dem Volk abgenommen.

Der Aufbau der Infrastruktur wurde rasch vorangetrieben. Heute verbinden vier Hauptstraßen Lhasa mit China: Szechuan–Tibet, Qinghai–Tibet, Xinjian–Tibet und Yünnan–Tibet. Lhasa ist wiederum mit allen Grenzgebieten verbunden. Das ganze Straßennetz wird ausschließlich zu militärischen Zwecken benützt. Dies belegt auch die Tatsache, daß in Tibet kein einziges Verkehrsmittel im öffentlichen Dienst steht.

In Tibet wurden 14 große und etwa 20 kleine Flughäfen gebaut. Die kleinen befinden sich hauptsächlich an der Himalaja-Grenze zu Indien. Die anderen sind in Dhamshung, Lhoka, Worag, Chung-Riwoche, Ruthok, Gyamuk, Kartse, Lithang, Dhartse-dho, Tsonup, Khigu-dho, Siling, Chamdo, Nagchukha und Gungthang. Auch die Flughäfen werden ausschließlich für militärische Zwecke gebraucht und sind ständig scharf bewacht.

Nach verschiedenen Quellen wurde bekannt, daß Peking in den letzten Jahren chinesische Ansiedler in großer Zahl nach Tibet schickte. Von der chinesischen Seite selbst wurde dies erstmals 1975 bestätigt, und zwar durch eine Meldung von Radio Lhasa am

16. Mai. Seither wurden zahlreiche Meldungen über chinesische Ansiedler in Tibet ausgestrahlt. Wie Mao 1952 erklärte, will Peking die chinesische Ansiedlung fördern, bis Tibet eine Bevölkerungszahl von 10 Millionen erreicht.

In Lhasa sind zwei Spitäler, ein von den Chinesen gebautes Bürgerspital und ein tibetisches Medizinzentrum, vorhanden. Außerhalb von Lhasa wurde jedoch kein einziges Spital errichtet – entgegen der Propaganda, in jedem Distrikt sei eine gute Klinik gebaut worden. Als »Barfuß-Ärzte« wurden tibetische Jugendliche über 16 Jahre in Erste Hilfe und in etwas Akupunktur eingeführt. Folglich kann von einer genügenden medizinischen Versorgung in Tibet nicht die Rede sein.

Die Chinesen heben bei jeder Gelegenheit hervor, daß Tibet sich zum erstenmal industriell entwickelt habe und daß die Tibeter »eine neue Ära des glücklichen Lebens« genießen. Die Produkte sind heute: Kohle, Borax, Eisen, Kupfer, Blei, Gold, Öl, Zement, Wolle, Zucker, Düngemittel, landwirtschaftliche Werkzeuge, Zündhölzer, Seifen, Batterien, weiter wurden Reparaturwerkstätten und hydroelektrische Werke eröffnet. Von diesen Produkten dürfen die Tibeter lediglich Zündhölzer, Düngemittel und landwirtschaftliche Werkzeuge kaufen. Alle anderen Produkte werden nach China transportiert und stehen auch den Mitgliedern der Volksbefreiungsarmee und anderen chinesischen Beamten zur Verfügung.

Tibet fällt unter die Gerichtsbarkeit von vier der insgesamt elf militärischen Regionen Chinas. Ein beträchtlicher Teil Westtibets untersteht der Militärregion von Sinkiang. Der tibetische Militärdistrikt, der den Rest der »Autonomen Region Tibet« umfaßt, ist der Militärregion von Chengtu untergeordnet. Die tibetische Provinz Amdo, die in Chinghai umbenannt wurde, bildet einen Militärdistrikt unter der Autorität der Lanchower Militärregion. Ferner sind Teile Osttibets dem Militärdistrikt von Szechuan eingegliedert und unterstehen der Chengtu-Militärregion. Südosttibet bildet einen Teil des Militärdistriktes von Yünnan, welcher der Kunming-Militärregion untersteht.

Gegenwärtig sind mehr als 300000 chinesische Soldaten in der »Autonomen Region Tibet« tätig. Die meisten sind an den strategisch wichtigen Punkten längs der indo-tibetischen Grenze stationiert. Größere Stützpunkte befinden sich in Lhasa, Shigatse, Gyantse, Lhoka und Chamdo.

Die Chinesen haben die gesamte tibetische Wirtschaft unter Kriegsrecht gestellt. Um ihre Truppen verpflegen zu können, haben sie ein strenges Rationierungssystem eingeführt, das den Tibetern kaum das zum Leben Notwendigste zugesteht. 1969 wurde in Tibet auf Anweisung des Vorsitzenden Mao unter dem Motto »Kriegsbereit sein und das Mutterland verteidigen« auf dörflicher Basis die »Volksmiliz« gegründet. Die jüngeren Tibeter beider Geschlechter wurden einer strengen militärischen und politischen Schulung unterzogen. Die älteren dienten hauptsächlich als Träger und hatten überall und jederzeit die Armee zu begleiten.

Die chinesische Atomkernforschungsanlage wurde von dem bekannten Ort Lop-Nor (Sinkiang) nach Nagchu (Zentraltibet) verlegt. Amerikanische wie britische Experten stellten fest, »daß Nagchu eine Bedeutung erlangen wird, der nur das Nevada-Versuchsgelände in den USA gleichkommt«. Entlang der indischen Grenze wurden gewaltige Radaranlagen errichtet.

Die Folgen der Kulturrevolution in Tibet

1966 herrschte in ganz China die Kulturrevolution. Nach Lhasa kam Anfang Juli desselben Jahres eine Gruppe der Roten Garden nach der anderen. Die Politik der Kulturrevolution beinhaltet: »Altes zerstören und Neues errichten«. Danach sollten »Vier Alte vernichtet« und »Vier Neue eingeführt« werden.

Vier Alte:

1. Alte Gedanken – tibetischer Nationalismus
2. Alte Kultur – tibetische Religion und Kultur
3. Alte Gewohnheiten – soziale Normen und Praktiken der Tibeter
4. Alte Bräuche – tibetische Bräuche

Vier Neue:

1. Neue Gedanken – Maos Gedanken
2. Neue Kultur – proletarische Kultur
3. Neue Gewohnheiten – chinesisch-kommunistische Gewohnheiten
4. Neue Bräuche – chinesisch-kommunistische Bräuche

Während dieser Kampagne zerstörten die Chinesen die tibetische Religion und Kultur wie auch die Bräuche, die sich in Tibet seit Jahrhunderten entfaltet hatten. Klöster, Bibliotheken und andere religiöse Einrichtungen wurden demoliert und alle Statuen aus Edelmetallen sowie viele andere Kostbarkeiten nach China weggeschafft. Den Haupttempel in Lhasa (Jokhang) und die Klöster Drepung, Taschi-lhunpo und Sera, die am wenigsten zerstört waren, ließ man als Schaustücke stehen. Fast alle Bilder und Statuen, die sich dort befinden, sind bloß Imitationen. Unter den wenigen echten Statuen im Haupttempel befindet sich noch die Statue Buddhas, welche die chinesische Prinzessin Wen-Ch'eng Kung Chu – die Frau von Songtsen Gampo – im 7. Jahrhundert als Mitgift nach Tibet mitgebracht hatte.

Unter dem Decknamen der Religionsfreiheit wurden alle Lamas, Mönche und Nonnen zu Ausbeutern der Armen erklärt, als »gemeine Geister und Teufel« gebrandmarkt und öffentlich verprügelt. In Drepung, wo früher 8000 Mönche lebten, weilen nur noch 60 alte und gebrechliche, die nur dazu dienen, den ausländischen Touristen »die Existenz der Religionsfreiheit« zu demonstrieren.

Die Rote Garde bestand aus zwei Parteien – den Revolutionären Rebellen und dem Großen Bündnis –, die heftig gegeneinander kämpften. Die Tibeter nützten diese Uneinigkeit aus und schlossen sich den Revolutionären Rebellen an, nur um chinesische Institutionen sabotieren zu können. Als die Volksbefreiungsarmee den Parteienkampf in den Griff bekam, wurden Hunderte von Tibetern hingerichtet.

Kurz – die Kulturrevolution verbannte alles, was die tibetische Identität symbolisierte, ein für allemal.

Einführung der Volkskommunen
1965 wurden in ganz Tibet die »Bauern-Nomaden-Kommunen« gegründet. Je nach der Bevölkerung der Region wurde eine Kommune unterteilt in drei bis zehn Gruppen, wobei jede Gruppe über 100 Mitglieder zählt. Bis Ende 1975 wurden allein in der »Autonomen Region Tibet« 1925 solcher Kommunen errichtet. Durch die Einführung von Kommunen gewannen die Chinesen vor allem vermehrte politische und wirtschaftliche Kontrolle über die Landbevölkerung.

Die Kommunen kultivieren das verfügbare Land. Vom Frühling bis Herbst dauert die Arbeitszeit von 5 Uhr morgens bis 10 Uhr abends; im Winter ist sie dann etwas kürzer. Die Arbeit auf dem Feld wird von den Gruppenleitern scharf überwacht. Nach dem Abendessen finden häufig obligatorische politische Sitzungen statt. Hier werden die Feinde, wie »UdSSR, Klassenfeinde, Antirevolutionäre, Dalai und Panchen« denunziert und kritisiert. Oft muß auch »Selbstkritik« geübt werden. Am Ende eines Jahres wird je nach der Leistung bestimmt, wieviel Getreide jeder kaufen darf. Nach einem guten Erntejahr dürfen diejenigen mit den meisten »Arbeitspunkten« bis zu 12 Khels (1 Khel = 12,5 kg) Getreide für ein Jahr einkaufen. Außerdem ist jedem Tibeter nicht erlaubt, mehr zu kaufen als ½ kg Fleisch, ¾ Liter Öl oder ¾ kg Butter und ¾ kg Zucker im Monat. Der größte Teil der Ernte wird nach China transportiert.

In fast allen Kommunen ist eine Schule vorhanden. In diesen werden jedoch nur die Grundlagen der chinesischen Sprache und der Mathematik und etwas Tibetisch gelehrt. Die meiste Zeit verbringen auch die Kinder mit leichteren Feldarbeiten. Während der Ernte sind die Schulen ohnehin geschlossen.

Volkszählungen – Beweis für Völkermord?
Die tibetische Exilregierung in Dharmsala hat prompt auf die chinesische Veröffentlichung, die Bevölkerung Tibets sei in den letzten 20 Jahren um 440000 gewachsen, reagiert. Die Chinesen behaupten, daß es 1,6 Millionen Tibeter gebe. »Tibetan Bulletin« stellt fest, daß dies ein genügender Beweis für den Völkermord in Tibet sei.

Nach Angaben der Tibeter im Exil zählte die Bevölkerung Tibets rund 6 bis 7 Millionen bis zum Aufstand 1959. Die chinesische Regierung behauptet, daß zu jener Zeit die Bevölkerung Tibets knapp 1 Million betragen habe. Dagegen spricht die Angabe der Kuomintang, welche auch die Behauptung der Tibeter unterstützt, nämlich 6 bis 7 Millionen. Wie Mi-Shing-ru in seinem Buch »Kham« (Taiwan, 1934, 1970) angibt, sei die Bevölkerung von Kham allein 3800500. Gemäß anderen Berichten der Kuomintang wird die Bevölkerungszahl von Amdo mit 1428000 und die der »Autonomen Region Tibet« mit 1320000 angegeben. Wiederum nach den Angaben des Jahrbuches »Stateman« (1972/73) wird die gesamte Bevölkerungszahl Tibets auf 6,35 Millionen beziffert, wobei man sich auf die chinesischen Zahlen stützt: »Autonome Region Tibet« = 1,237, Qinghai (Amdo) = 1,677 und Sikang (Kham) = 3,4 Millionen. Infolgedessen argumentieren die Tibeter im Exil mit Recht: Wenn es jetzt 1,63 Millionen Tibeter gebe, was ist dann mit den übrigen 5 Millionen geschehen?

Die Menschenrechtsfrage in Tibet

Grundfreiheiten wie Glaubens-, Rede-, Versammlungs- und Bewegungsfreiheit, die im Westen Selbstverständlichkeiten sind, existieren im besetzten Tibet höchstens auf dem Papier. Im 17-Punkte-Abkommen von 1951 garantierte China den Tibetern unter anderem die Glaubensfreiheit. Dieses Versprechen wurde jedoch nicht eingehalten. Selbst Neville Maxwell, ein prochinesischer Journalist, der 1976 Tibet besuchte, mußte eingestehen, daß die Religion in Tibet »beinahe ausgerottet« sei. Als Beispiel sei an dieser Stelle die Situation der Bewegungsfreiheit in Tibet kurz erläutert. Nach der Einführung der Kommunen wurde sie stark eingeschränkt. Im Frühling und im Herbst war das Reisen nicht erlaubt. Um Verwandte in einer anderen Ortschaft besuchen zu können, benötigten die Tibeter Reisepapiere. Diese wurden jedoch erst dann ausgestellt, wenn die Hintergrundinformationen über die betreffende Person für die Chinesen nicht verdächtig waren. Der Reisende mußte zudem in jedem Ort, an dem er vorbeikam, die Unterschrift der jeweiligen zuständigen Beamten einholen.

Die Gefangenenhilfsorganisation Amnesty International hat im November 1978 einen Bericht über die Lage der politischen Gefangenen in der Volksrepublik China – einschließlich Tibet – veröffentlicht. Die »Neue Zürcher Zeitung« berichtete am 28. November 1978: »Der auf langen, sorgfältigen Nachforschungen beruhende Bericht bestätigt frühere Publikationen einzelner Opfer der kommunistischen Klassenjustiz in Maos China. Es geht... darum ›Klassenfeinde, Andersdenkende‹, soweit sie nicht in früheren Phasen der Revolution liquidiert worden sind, durch Strafarbeit und erzwungene Selbstkritik zu vollkonformen Bürgern bzw. Untertanen zu machen. Infolgedessen ist auch in China ein ›Archipel Gulag‹ entstanden. Ein Netz von Lagern, in denen mittels sehr harter Arbeit, sehr geringer Nahrungsrationen, allabendlicher ideologischer Drills und raffinierter psychischer Torturen aus angeblichen Renegaten der ›neue Mensch‹ geformt wird. ... Und wer einmal hinter Gittern, auf entlegener Besserungsfarm oder Baustelle ist, kann unter Umständen jahrelang, ja jahrzehntelang dort bleiben. ... Auch im maoistischen China hat beim sozialistischen Aufbau die billige Arbeitskraft der Gefangenenheere mitgeholfen.«

Seit der illegalen Besetzung Tibets werden Tausende von Tibetern aus politischen Gründen gefangengehalten. Wohl hat Peking im vergangenen Jahr in Lhasa 34 ehemals führende Tibeter nach 19jährigen Haftstrafen freigelassen, aber im Vergleich zur Zahl aller tibetischen Gefangenen ist die Freilassung dieser 34 Tibeter bloß ein Tropfen auf den heißen Stein.

Vielleicht typisch ist der Fall von Chamba Lobsang. Die Beschreibung dieses Falles wurde dem Untersuchungsbericht von Amnesty International entnommen: »Vor seiner Verhaftung im Jahre 1959 war der damals ungefähr 26 Jahre alte Chamba Lobsang Mönch im Shekar-Chode-Kloster im Distrikt Shekar (Autonome Region Tibet). Nach der Zeugenaussage eines tibetischen Flüchtlings, der die Ereignisse verfolgte, wurde Chamba Lobsang im Oktober 1959 mit 37 andern Personen aus dem Distrikt verhaftet, nachdem die Gegend von chinesischen Truppen besetzt worden war. An einer öffentlichen Versammlung im April 1960 in Shekar wurde er der ›Ausbeutung der Massen im Namen der Religion‹ beschuldigt und zu lebenslanger Haft verurteilt. Chamba Lobsang und andere an dieser Versammlung Verurteilte saßen nach letzten Berichten im Jahre 1964 im Ngari-Gefängnis (Gerichtsbezirk Karkang). Ihr weiteres Schicksal ist unbekannt.«

Auch nach der sogenannten Liberalisierung in Tibet wurden ab und zu Tibeter unter verschiedenen Vorwänden verhaftet. Besonders im Herbst 1983, in dem auch mehrere Hinrichtungen stattfanden, ging eine Verhaftungswelle durch das Land. Immer noch sitzen viele der damals Inhaftierten im Gefängnis.

Obwohl die chinesische Führung in Peking von einer neuen »flexiblen Politik« gegenüber Tibet sprach, blieb Amnesty International sehr besorgt über die Inhaftierung von Tibetern während der letzten drei Jahre. Die Gefangenenhilfsorganisation glaubt, daß es sich möglicherweise um gewaltlose politische Gefangene handelt, die sich wegen ihres Eintretens für die Wiederherstellung der Unabhängigkeit Tibets oder wegen der Ausübung ihrer Religion in Haft befinden. In ihrem Jahresbericht von 1985 schildert sie beispielsweise den Fall von Geshe Lobsang Wangchuk, einem berühmten buddhistischen Gelehrten, der 1982 verhaftet wurde. »Berichten zufolge wurde er der Förderung separatistischer Ideen in Tibet beschuldigt und zu 18 Jahren Gefängnis verurteilt. An seinem ersten Haftort, im Drapchi-Gefängnis in Lhasa, soll Geshe Lobsang Wangchuk mißhandelt und, an Händen und Füßen gefesselt, in Einzelhaft gehalten worden sein. Amnesty International erhielt Informationen, wonach er 1984 in ein Arbeitslager in Kongpo Nyitri, südlich von Lhasa, verlegt wurde.«

Im weiteren untersuchte Amnesty International die Fälle von Tibetern, die im August und September 1983 »bei einer Reihe anscheinend ähnlich gelagerter Verhaftungen in und um Lhasa festgenommen worden waren. Berichten zufolge wurde Lobsang Choephal am 26. August 1983 in seinem Büro im Landwirtschaftsministerium in Lhasa verhaftet und beschuldigt, er sei ein ›konterrevolutionäres Element‹. Er soll eine Aufnahme von einer Predigt des Dalai Lama und eine tibetische Nationalflagge besessen haben, die bei einer Hausdurchsuchung beschlagnahmt wurden. Man brachte ihn in das Sangyip-Gefängnis in Lhasa. Weitere Tibeter sollen am selben Tag unter ähnlichen Anklagen festgenommen worden sein.«

Laut Berichten wurden 32 Personen im September 1983 festgenommen, als sie dabei waren, das Kloster von Ganden wieder aufzubauen, das während der Kulturrevolution zerstört worden war. Das Kloster war eine der bedeutendsten religiösen Einrichtungen, gebaut vom Gründer der Gelugpa-Tradition des tibetischen Buddhismus, der auch der Dalai Lama angehört. Einer der 32, der Mönch Tsering Drakpa, soll der Gründung einer ›Rebellengruppe‹ beschuldigt und anschließend im Takse-Dzong-Gefängnis inhaftiert worden sein.«

In ihrer Publikation »Menschenrechtsverletzungen in der Volksrepublik China« (1984) berichtet Amnesty International folgendes über Tibet: »Die in den letzten Jahren aufgrund ihrer Ansichten, Überzeugungen oder diesbezüglichen gewaltfreien Aktivitäten verhafteten Personen lassen sich grob in sechs Kategorien einteilen, die sich teilweise überschneiden. ... Es handelt sich hierbei auch um Tibeter, die aus religiösen Gründen oder wegen der Unterstützung regionaler Unabhängigkeitsbestrebungen verhaftet wurden. Gefangene dieser Kategorie sind unter anderem Personen, die zu verschiedenen Zeiten wegen offener Loyalität gegenüber dem Dalai Lama, dem im Exil lebenden geistigen Führer der tibetischen Buddhisten, oder wegen anderer friedlicher religiöser Aktivitäten verhaftet wurden. Zur Zeit der Kulturrevolution sollen Personen allein wegen des Besitzes von Photographien des Dalai Lama oder von religiösen Schriften oder Abbildungen festgenommen worden sein. Einige der aus diesen Gründen verhafteten Personen waren Ende der siebziger Jahre noch immer in Haft oder in ihrer Bewegungsfreiheit eingeschränkt. In jüngster Zeit berichteten ausländische Journalisten, daß sich die Politik der chinesischen Behörden in Tibet in Religionsfragen entspannt habe. Die Mehrzahl der Verhaftungen, von denen Amnesty International in den letzten Jahren erfahren hat, scheint politisch motiviert gewesen zu sein, wobei religiöse Gefühle in Tibet allerdings oft mit Unabhängigkeitsbestrebungen verbunden sind: Die Befürworter einer Rückkehr des Dalai Lama nach Tibet sehen in ihm sowohl einen religiösen als auch einen politischen Führer. Einige der Verhaftungen der letzten Zeit betrafen Personen, die Parolen gerufen hatten, in denen sie sich für die Unabhängigkeit Tibets einsetzten. Andere wurden verdächtigt, Beziehungen zu Untergrundgruppen zu haben, deren Ziel die Unabhängigkeit war. Zu einer Gruppe von Personen, die Berichten zufolge im August 1983 aus politischen Gründen in Lhasa festgenommen wurden, gehörte auch Klasang Tsering, ein 20jähriger Mönch. Er soll am 26. August 1983 verhaftet worden sein, nachdem er sich geweigert hatte, Angehörigen des Amts für öffentliche Sicherheit über ein vorangegangenes Gespräch mit ausländischen Journalisten zu berichten.«

Die Gesellschaft für Bedrohte Völker in der Bundesrepublik Deutschland setzt sich seit Jahren für das tibetische Volk ein. Sie berichtet regelmäßig über das Schicksal des tibetischen Volkes und ruft zu Protesten gegen Menschenrechtsverletzungen in Tibet durch die Besatzungsmacht auf. 1983 erschien eine Sonderausgabe der Zeitschrift *Pogrom* über Tibet. Die Gesellschaft schreibt: »Die Tibeter gehören zu jenen Völkern, die in diesem Jahrhundert besonders unter Ethnozid und Menschenrechtsverletzungen zu leiden hatten und denen man bis heute das Recht auf politische und kulturelle Selbstbestimmung verweigert.«

Aus den Augenzeugenberichten von Tibetern, die kürzlich – aus Tibet kommend – in Indien eingetroffen sind, geht deutlich hervor, daß die im Frühjahr 1986 erfolgte Verhaftung zahlreicher Tibeter sowohl politisch als auch religiös motiviert gewesen ist. Am 23. Mai verbreitete sich beispielsweise in Shigatse die Nachricht, daß demnächst Verhaftungen stattfinden würden. Diese Information sickerte deshalb durch, weil ein Beamter des Büros für öffentliche Sicherheit seinen Vater vor den bevorstehenden Verhaftungen gewarnt hatte. Am 25. Mai wurden dann 15 Tibeter verhaftet und kleinerer Vergehen beschuldigt. Sie wurden zum dortigen Militärlager gebracht, wo ihnen mitgeteilt wurde, daß sie nach der geleisteten Strafarbeit während einer kürzeren Zeitdauer aus der Haft entlassen würden, falls ihre Verhaltensweise sich als befriedigend erweisen sollte. 15 andere Tibeter wurden hingegen in der Nacht desselben Tages verhaftet. Sie hatten Ende Dezember 1985 an den Kalachakra-Belehrungen des Dalai Lama in Bodh Gaya, Indien, teilgenommen. Sie befinden sich noch immer in Haft, und es ist noch nicht klar, welches Los ihnen bevorsteht.

Desgleichen wurden kurz zuvor in Lhasa rund 1000 Tibeter verhaftet. Unter ihnen befanden sich zahlreiche Frauen, die des gemeinschaftlichen Verhaltens beschuldigt wurden. Jene Tibeter, die verschiedener sozialer Vergehen beschuldigt wurden, wurden als Deckmantel für die ganze Operation jeweils während des Tages verhaftet. Die Verhaftungen jener Tibeter, die im Dezember 1985 an den Kalachakra-Belehrungen des Dalai Lama in Indien teilgenommen hatten, wurden dagegen in der Nacht durchgeführt. Daraus wird ersichtlich, daß Tibeter, die an der Kalachakra-Einweihung in Bodh Gaya, Indien, teilgenommen hatten, die eigentliche Zielscheibe dieser Verhaftungswelle sind.

Auch in Gyangtse wurden Tibeter, die Kassetten mit Reden des Dalai Lama entweder besessen oder angehört hatten, verhaftet. Während einer Versammlung in Shigatse kündigten die Chinesen ferner noch mehr Verhaftungen an und ermahnten die anwesenden Tibeter: »Wir haben euch Liberalität gegeben, aber ihr wißt nicht, mit ihr umzugehen!« Dies ist eine deutliche Warnung, daß die beschränkte Liberalisierung während der letzten fünf Jahre wieder rückgängig gemacht werden könnte, falls die Tibeter sich nicht botmäßig benehmen.

Tibet heute: 36 Jahre nach der chinesischen Besetzung

Um der ganzen Problematik Tibets gerecht werden zu können, müssen die bestehenden Auffassungen über Tibet vor und nach der chinesischen Annexion einer kritischen Überprüfung unterzogen werden. Kurzum: Tibet muß entmystifiziert werden, indem man die »Wahrheit in den Tatsachen« sucht, wie dies Deng Xiaoping vortrefflich formuliert hat. Das idealisierte Schangrila-Image Tibets vor 1950 mit seinen romantischen und mystischen Attributen, das sowohl von Tibetern als auch von westlichen Tibet-Reisenden projiziert wurde, entspricht ebensowenig der Wirklichkeit wie das »sozialistische Paradies Tibet«, das von der chinesischen Propaganda und von deren unkritischen westlichen Verteidigern der Welt zum besten gegeben wurde.

Das traditionelle Tibet war weder ein demokratisches Land noch ein Rechtsstaat im heutigen Sinne. Seine soziale Ordnung läßt sich umschreiben als eine hierarchisch gegliederte Nomaden- und Bauerngesellschaft mit theokratisch-feudalistischen Strukturen, die zweifellos reformbedürftig gewesen sind. Eine kleine Minderheit herrschte über die Mehrheit, und die Oligarchie aus Klerus und Adel verfügte über die entscheidenden Machtmittel. Das Volk führte ein hartes und einfaches, aber ein zufriedenes und vor allem ein *eigenes* Leben, und es wurde von Menschen der gleichen Sprache, Religion und Kultur regiert. Die Tibeter erlitten vor 1950 nie eine Hungersnot und die sozialen Ungerechtigkeiten haben nie zu Volksaufständen geführt. War Tibet einst ein theokratisch-feudalistischer Staat mit einer bäuerlich-nomadischen Gesellschaft, so ist Tibet heute eine chinesische Kolonie beispielloser Ausprägung, in der die Bevölkerung der willkürlichen Ausbeutung durch eine skrupellose Kolonialmacht ausgesetzt ist.

Diese Tatsache enthüllt in unmißverständlicher Weise die wahre Natur der sogenannten »Befreiung« Tibets, die China als Vorwand für seine machtpolitischen Überlegungen diente, als es sich 1950 Tibet gegen den ausdrücklichen Willen des tibetischen Volkes einverleibte. Zweifellos war der Einmarsch der chinesischen Volksbefreiungsarmee in Tibet »der Versuch eines gewaltsamen Unterwerfungsaktes gegenüber einem souveränen Staat«. Allein die Tatsache, daß China mit Tibet 1951 einen bilateralen Vertrag abgeschlossen hat, bestätigt nach internationalem Recht die Souveränität Tibets. Entgegen den historischen Tatsachen haben die Chinesen »die tibetische Geschichte umgeschrieben, um zu beweisen, daß Tibet untrennbarer Teil Chinas sei«.

Einen Streitpunkt in den tibetisch-chinesischen Verhandlungen stellt die Territorialfrage dar. Für die chinesische Führung ist Tibet heute mit der am 9. September 1965 errichteten »Autonomen Region Tibet« identisch. Diese Region umfaßt allerdings nur den westlichen Teil der osttibetischen Provinz Kham und die zentraltibetische Provinz Ue-Tsang, Ost- und Nordosttibet. Das äußere Tibet, das die nordosttibetische Provinz Amdo und den östlichen Teil der Provinz Kham umfaßt, wurde in zehn »Autonome tibetische Präfekturen« aufgeteilt und den vier chinesischen Provinzen von Gansu, Qinghai, Sichuan und Yünnan zugeschlagen. Durch diesen administrativen Kniff reduzierte Peking den Bevölkerungsanteil der Tibeter von 6 auf 1,6 Millionen Menschen. Denn lediglich die Einwohner der »Autonomen Region Tibet« zählen in der chinesischen Statistik als Tibeter. Für den Dalai Lama und seine exiltibetische Regierung ist dagegen der Begriff Tibet mit Zentral-, Ost- und Nordosttibet, also mit allen drei tibetischen Provinzen, identisch. Die Forderungen der tibetischen Exilregierung erstrekken sich somit auf die Provinzen Ue-Tsang, Kham und Amdo. Als der vierzehnte Dalai Lama 1950 die Regierung übernahm, herrschte er noch über dieses Gebiet, das etwa dem des 1914 zwischen Tibet, China und Großbritannien diskutierten »Inneren Tibet« entsprach.

Völkermord und Kulturzerstörung

Auf die klare Absicht der Chinesen, alles zu zerstören, was charakteristisch tibetisch ist, machte bereits 1959 die Internationale Juristenkommission aufmerksam, die in ihren beiden Gutachten China beschuldigte, in Tibet Akte des Völkermordes begangen zu haben mit dem Ziel, die tibetische Bevölkerung als religiöse Gruppe zu vernichten.

War Tibet vor 1950 ein abgeschiedenes Land, so wurde es nach der chinesischen Besetzung erst recht zu einem verbotenen Gebiet. Diese kalkulierte Politik der Abkapselung diente Peking dazu, der Weltöffentlichkeit ein »befreites und glückliches« Tibet vorzugaukeln. In Wirklichkeit – wie wir heute eindeutig wissen – nützte die chinesische Besatzungsmacht die Unwissenheit über Tibet im Ausland dazu aus, einem freien Volk mit einer eigenständigen Hochkultur ihre Auffassung von »Befreiung« und »Kultur« ungehindert aufzuzwingen. Jahrelang wurde eine »Aufklärungspolitik« gegenüber der breiten Bevölkerung betrieben, die in der traditionellen tibetischen Kultur nur das Negative herausstrich. Als die Chinesen feststellten, daß die Religion mit ihren Institutionen das stärkste zusammenhaltende Element im tibetischen Sozialgefüge war, begannen sie, die Religion zu unterdrücken und ihre Institutionen wie die Klöster systematisch zu zerstören. Von etwa 6000 Klöstern, Tempeln und Andachtsstätten, die vor 1959 bestanden, existieren heute nur noch rund 16 – und auch diese sind teilweise demoliert, geplündert oder zweckentfremdet. Jokhang, das älteste und bedeutendste Heiligtum Tibets aus dem 7. Jahrhundert, diente beispielsweise bis vor wenigen Jahren als staatliches Gästehaus und als Kino. Die ansehnliche Zahl von rund 120000 Mönchen und 15000 Nonnen, die 1959 in Tibet lebten, ist innerhalb von 20 Jahren auf 1050 zusammengeschrumpft.

In der zweiten Hälfte der siebziger Jahre begann China, seine Rechtfertigungspropaganda zu verstärken. Wenigen in der Regel sehr sorgfältig ausgewählten Leuten – vorwiegend prochinesischen Journalisten – aus dem Ausland wurden Besuchstouren durch Tibet ermöglicht. Diese Touren beschränkten sich auf wenige Tage, und die Besucher hielten sich in den meisten Fällen nur in Lhasa auf. Während ihres Aufenthaltes wurden sie ständig von chinesischen Beamten begleitet. Sie sahen nur das, was ihnen von den Chinesen gezeigt wurde, und hörten nur das, was ihnen von den offiziellen Dolmetschern übersetzt bzw. erklärt wurde. Diese Touren glichen in jeder Beziehung den »Potemkin-Touren«. Die meisten Besucher waren ferner wegen ihrer Voreingenommenheit zu China bekannt gewesen. Peking hatte deshalb wenig Mühe, sein eigenes Bild von Tibet auf die übrige Welt zu projizieren. Den Chinesen dienten zudem prochinesische Intellektuelle wie Han Suyin, Neville Maxwell oder Felix Green, die einseitig und sensationell über Tibet berichteten. Außer ihnen äußerten sich jedoch auch objektive Betrachter kritisch über ihre Tibet-Besuche. Ihre Feststellungen wurden später – als Tibet sich mehr öffnete – durch Berichte anderer Tibet-Besucher bestätigt. Die folgenden Zeitungsauszüge sollen einen Vergleich erlauben:

Neville Maxwell: »Der Potala, einst der Vatikan des Buddhismus, sieht zwar unverändert aus, wird nun aber von den Chinesen als historisches Museum unterhalten.... Noch 1955 gab es 150000 von ihnen (Mönche).... Heute gibt es nur noch wenige praktizierende Mönche in Tibet; in Drepung, einem der größten Klöster der alten Zeit, leben etwa 30 von ihnen. ... Über den Lamaismus, die Religion, die heute in Tibet *beinahe ausgerottet* ist, gehen die Ansichten weit auseinander. ... Für eine eigentliche Sinifizierung (›Chinesisierung‹) bestehen offenbar keine Pläne. Die tibetische Sprache wird überall angewendet, und es stehen mehr tibetische Bücher und Zeitungen zur Verfügung als je zuvor. ... Ersetzt wurde die Religion in Theater und Literatur durch dieselben Themen, die auch im übrigen China die Bühnen und Bücher füllen: revolutionären Kampf, Anbauschlacht. ... In diesem Sinn kann von einer Sinifizierung Tibets gesprochen werden. Aber es sieht so aus, als verstünden es die Tibeter fast als Erschaffung einer eigenen neuen Kultur.«

Prof. Edward N. Luttwak: »Es gibt eigentlich zwei verschiedene Lhasas: die alte tibetische Stadt aus Steinhäusern und schmalen Gassen um den Jokhang (Haupttempel) herum und die neuerrichtete chinesische Stadt, entlang deren Hauptstraße ummauerte Häuser angereiht sind, in denen die chinesischen Verwaltungsbeamten, Soldaten und Techniker wohnen und arbeiten. Daß Chinas Herrschaft über Tibet ein koloniales Phänomen ist und daß die Chinesen von den Einheimischen sehr isoliert sind wie die Briten in Indien, war allein von der Architektur her völlig eindeutig.... Wie andere Kolonien in der Vergangenheit zieht Tibet aus der chinesischen Herrschaft Nutzen in einem materiellen Sinn.... Aber es ist klar, daß die Herrschaft der Chinesen selbst an Kolonialmaßstäben gemessen besonders oppressiv ist, da sie auf die totale Domination hinzielt. ... Die traditionelle Kultur Tibets war weitgehend religiös in ihrer Natur, und die Chinesen haben die Kultur mit der Religion zerstört. In einem überraschend großen Bücherladen in der Nähe unseres Gasthaus-Geländes – dem einzigen in Lhasa – waren außer der Übersetzung der Gedanken des Vorsitzenden Mao keine tibetischen Bücher zu finden. ... Was die tibetische Literatur betrifft, war keine für die Tibeter erhältlich, da sie buddhistisch und daher verboten ist. Die Chinesen selber sagten uns, daß die Klöster, die einst die Zentren der tibetischen Kultur waren, größtenteils für ›nützliche Zwecke‹ gebraucht werden. ... Das große Drepung-Kloster, wenige Meilen von Lhasa entfernt, wurde einst von 10000 Mönchen bewohnt. ... Uns wurde gesagt, daß dort etwa 300 (Mönche) noch verblieben sind, aber als wir durch die verlassenen Gebäude gingen, sahen wir im ganzen nur 11 Mönche, alte Männer, mehrere von ihnen Krüppel.« ... »Im Gegensatz zu den Briten in Indien und Afrika oder gar den Franzosen können die Chinesen offenbar keinen Wert im Überleben der lokalen Kultur, noch weniger im Überleben der lokalen Religion sehen. Der chinesische Kolonialismus ist daher nicht nur politisch, sondern auch kulturell tyrannisch.«

David Rogers: »Lhasa, einst die heiligste Stadt des Buddhismus, ist jetzt eine chinesische Grenzstadt. Während einer Woche sah ich keinen einzigen Lama in den Straßen. ... Die Glaubensfreiheit ist in der chinesischen Verfassung gewahrt, wobei die Begleiter nie versäumen, dies hervorzuheben; aber ein gewöhnlicher Bürger (Tibeter) wäre heute außerstande, die vom Lamaismus verlangten Rituale auszuführen.«

David Broder: »Das Verschwinden von 120000 Mönchen innerhalb einer Generation ist eine bemerkenswerte, wenn nicht eine unheimliche Entwicklung, und wie dies geschah, ist nicht klar. Wir wurden weder zu einem Kloster geführt noch sahen wir Mönche.«

Nachfolgend die Berichte westlicher Journalisten, die Tibet während der letzten drei Jahre besucht haben: *Karl Kränzle* meint: »Die Führung in Peking behauptet, daß seit dem Ende der Kulturrevolution 45 Lama-Klöster wieder-aufgebaut wurden. Das ist freilich nur ein geringer Prozentsatz der religiösen Stätten, die vor allem im Jahrzehnt 1966–1976 zerstört worden waren. Die Zahl der heute in Tibet lebenden Mönche wird auf ein Prozent der Mönche geschätzt, die vor 1951 – dem Jahr der Besetzung Tibets durch Maos Truppen – in Tibet lebten.« *Erhard Hürsch* stellt fest, daß die Zerstörungen der kulturellen und religiösen Stätten Tibets »weit mehr als nur ein Bildersturm eine systematische Ausmerzung und Ausplünderung aller Kultstätten mit wenigen Ausnahmen« waren, »wobei nicht nur einzelne Tempel, sondern oft ganze Klosterstädte gewaltsam niedergerissen wurden ...«

Im Gegensatz zu der gängigen chinesischen Erklärung, daß all die buddhistischen Klöster und Tempel erst während der Kulturrevolution zerstört worden seien, weist *Klemens Ludwig* richtig darauf hin, daß die eigentliche Ausmerzung der tibetischen Hochkultur bereits 1959 nach der Niederwerfung des tibetischen Nationalaufstandes begonnen habe. »So unterschiedlich und vielfältig der tibetische Buddhismus war, so unterschiedslos haben die Chinesen bis auf wenige Ausnahmen alle Klöster und Kultstätten zerstört. Als die Rote Armee am 9. September 1951 in Lhasa eintraf, beendete sie eine vierzigjährige Periode der Selbständigkeit Tibets. Schon kurze Zeit später kam es zu Unruhen, die im März 1959 ihren Höhepunkt erreichten. Doch die Tibeter standen gegen die Chinesen auf verlorenem Posten; nach dreitägigen Kämpfen waren sie geschlagen, der Dalai Lama floh ins Exil. Damit begann die erste Phase der chinesischen Zerstörungen in Tibet, die sich sieben Jahre später in der ›Kulturrevolution‹ zu einem Vernichtungsfeldzug gegen alles traditionell Tibetische ausweitete.«

Noch schlimmer als die Kulturzerstörung war es für die Menschen, daß ihre Familien auseinandergerissen und die Ausübung ihres Glaubens streng verboten wurden, daß sie ferner in ihrem eigenen Land von den fremden Chinesen wie Untermieter in überheblicher Weise behandelt wurden. Ein tibetischer Bauer erzählte *Dr. Franz Alt:* »Die Chinesen haben uns schlechter behandelt als Tiere. Erst seit 1980 geht es etwas besser.« Eine Nonne sagte ihm: »Es ist die Hölle. Die Chinesen wollen uns die Seele rauben.« Aufgrund zahlreicher Befragungen stellte *Alt* fest: »Es war eine schlimme Zeit, in der die fremden Soldaten mit den brutalsten Methoden versuchten, aus dem gläubigsten Bergvolk der Welt chinesische Kommunisten zu machen.« Es gibt kaum noch eine Familie, die keine Opfer zu beklagen hat.

In seiner Erklärung zum 25. Jahrestag des tibetischen Nationalaufstandes vom März 1959 stellt der Dalai Lama in tiefer Trauer fest: »Die Zahl der Tibeter, die im Kampf getötet, hingerichtet, vor Hunger gestorben, zu Tode gefoltert oder zum Selbstmord getrieben worden sind, beläuft sich bis jetzt auf etwa eine Million.« Und er fragt: »Was wurde durch all dieses Töten erreicht?« In diesem Zusammenhang schreibt *Dr. Jan Andersson:* »In mühsamer Kleinarbeit hat die tibetische Exilregierung in Indien versucht, abzuschätzen, wie viele Tibeter in den Jahren 1950–1983 aus nicht natürlichen Gründen ums Leben gekommen sind. Die Daten sind durch detaillierte Interviews mit Flüchtlingen und mit Hilfe von verschiedenen Dokumenten zusammengetragen worden. Selbstverständlich kann man bei diesen Zahlen einen mehr oder weniger großen Fehler annehmen, denn eine Erhebung durfte natürlich in Tibet nicht stattfinden, und die Technik der Datensammlung war sicher lückenhaft und nach unseren Vorstellungen vielleicht etwas primitiv. Trotzdem geben sie eine erschütternde Wirklichkeit wieder:

Von einer Bevölkerung von etwa 6 Millionen Tibetern haben über 1,2 Millionen ihr Leben verloren – das ist ein Fünftel des Volkes. Aufgeschlüsselt nach Todesursachen sehen die Zahlen wie folgt aus: Umgekommen in Gefängnissen und bei Zwangsarbeit: 175000, bei gewaltsamen Auseinandersetzungen und Widerstand: 430000, Hinrichtungen: 150000, Hungersnot: 410000, Folter: 90000, Selbstmord: 9000.« Er bemerkt dazu: »Welche menschlichen Tragödien sich hinter diesen nackten Zahlen verbergen, können wir uns nicht vorstellen.«

Die wirtschaftliche Situation

Das Wirtschaftssystem, »das die Chinesen Tibet 20 Jahre lang aufzuzwingen versuchten, hat sich als Katastrophe erwiesen« und zeigte verhängnisvolle Auswirkungen. Die Grundnahrung der Tibeter seit Jahrhunderten ist das Tsampa, geröstetes Gerstenmehl. Einer der hauptsächlichen Fehler, den die chinesische Führung offiziell eingesteht, war der übermäßige Anbau von Winterweizen auf Kosten der tibetischen Gerste. Diese dirigistische Mißwirtschaft ohne Berücksichtigung der lokalen Wirtschaftsverhältnisse führte dann zu Mißernten und folglich zu Hungersnöten unter der tibetischen Bevölkerung. Die mißliche Wirtschaftslage Tibets ist im wesentlichen auf Fehler der chinesischen Politik in der Vergangenheit zurückzuführen. Über die Hälfte der tibetischen Bevölkerung lebte als Nomaden von ihren Yak- und Schafherden. Doch die Chinesen zwangen die Nomaden dazu, ihre Herden in Volkskommunen grasen zu lassen. Dazu berichtet ein Tibeter, der im Sommer 1985 seine Heimat nach 25jährigem Exil in Europa besuchen durfte, folgendes: »Es war nicht nur ein wirtschaftliches Fiasko, es war Völkermord, was in diesen Jahren passierte. Die Sippen, die jahrhundertelang mal schlecht, mal recht über die Runden kamen, weil sie sich stets selbst versorgten, verhungerten reihenweise, weil die Volkskommunen ihren Besitz verwirtschaftet hatten.« Seit der chinesischen Besetzung Tibets im Jahre 1950 bis 1983 sind über 400000 Tibeter verhungert. Lebensmittel und Stoffe sind rationiert. Für alles, was die Tibeter »kaufen« wollen, benötigen sie Karten: »Getreidekarten« für alle Nahrungsmittel und »Baumwollkarten« für alle Stoffe. Was die Tibeter bis vor kurzem für ihre Arbeit erhielten, war sehr wenig: 250 Pfund Gerste und 4 Meter Stoff im Jahr. 1 bis 2 Pfund Butter, etwas Tee, Salz und Zucker pro Monat. Fleisch gab es kaum.

Wirtschaftlich kommt Tibet die Volksrepublik China teuer zu stehen. *Jürgen Kremb,* der im Sommer 1985 Tibet besuchte, berichtet: »Denn während die offizielle Propaganda gern vom aufblühenden Lebensstandard in dem noch unterentwickelten Landesteil spricht, mußte selbst ein führendes chinesisches Wirtschaftsmagazin unlängst zugestehen, daß die Provinz ohne massive Finanzspritzen aus der Hauptstadt gar nicht lebensfähig sei. Zwischen 1952 und 1983 wurden umgerechnet rund 7,5 Milliarden Mark in die Region gepumpt, und die Regierung hat sogar versichert, daß die staatlichen Zuschüsse jedes Jahr automatisch um zehn Prozent steigen werden, ... doch gehören die Tibeter noch immer zu den ärmsten Bewohnern der Volksrepublik China. Ihr Jahreseinkommen ist nicht einmal halb so hoch wie im Landesdurchschnitt.« Seine Feststellung wird auch von *Karl Kränzle,* Korrespondent in Peking, bestätigt: »Trotz des starken Nachdrucks, der auf den wirtschaftlichen Aufbau der Region gelegt wird, ... bleibt Tibet weiterhin eine der ärmsten Regionen in China.« Andere ausländische Journalisten, die in diesem Jahr Tibet besucht haben, berichten ähnlich über die wirtschaftliche Lage Tibets. So schreibt *Urs Müller:* »Bloß scheinen technische Neuheiten meist den Han-Chinesen oder den wenigen angepaßten Tibetern zu gehören, da sie für die Masse der Tibeter unerschwinglich wären. ... Trotz allen Anstrengungen und Beteuerungen ist Tibet unter den Chinesen noch immer nicht selbstversorgend. Täglich bringen Lastwagenkonvois Lebensmittel und andere Konsumgüter, die aber meist für die hier stationierten Chinesen bestimmt sind, auf das Dach der Welt.«

Die katastrophale Teuerung in China vor einem Jahr trifft den Alltag Tibets viel härter als denjenigen Chinas. »Im Vergleich mit 1985 kostet beispielsweise heute ein Kilogramm Yakfleisch 125 Prozent mehr. Der Staat subventioniert nur noch Teeziegel, Mehl oder Tsampa, alle übrigen tibetischen Grundnahrungsmittel unterliegen keiner Preisbindung.« Die Preisfreigabe Pekings im Frühling 1985 hatte zudem in Tibet höchst negative Folgen: Die bereits bestehende soziale wie auch wirtschaftliche Kluft zwischen Han-Chinesen und Tibetern ist heute noch ausgeprägter. Das überhebliche Gehabe der Chinesen gegenüber den Tibetern »wird in Tibet durch die wirtschaftliche Situation verstärkt: Jeder chinesische Staatsbürger bekommt eine Zulage, wenn sein Arbeitsort höher liegt als sein Heimatort. So erhält der Han-Arbeiter für dieselbe Arbeit in Lhasa das drei- bis vierfache Gehalt seines tibetischen Kollegen. Es ist diese überlegene Kaufkraft der Han, die die Preisspirale in Gang hält.« In bezug auf das viele Geld, das Peking angeblich für den wirtschaftlichen Aufbau Tibets aufwendet, stellt *Jürgen Kremb* folgendes fest: »Doch weitaus das meiste Geld verschlingt die Verwaltung der Besatzungsmacht. Seit 1952 haben sich die Ausgaben dafür verzehnfacht.« *Erhard Hürsch* ist der Meinung, daß die Landwirtschaft Tibets mit der gesteigerten Entwicklung nicht Schritt halten kann. Sie »kann kaum die einheimischen Volksteile genügend versorgen, geschweige denn die zusätzlichen Gruppen von chinesischen Soldaten, Funktionären, Technikern und Arbeitern. Gesamtwirtschaftlich ist die Autonome Region Tibet weit davon entfernt, selbstversorgend zu sein. Sie kostet die Volksrepublik China viel Geld – für die letzten 30 Jahre wird eine Summe von 3 Milliarden Yuan (über 2 Milliarden Schweizer Franken) genannt. Dabei ist aber zu sagen, daß ein guter Teil der Ausgaben eben für die eigenen Kontingente und die eigenen Ausbaupläne verwendet wurde.«

Die Rohstoffe Tibets wie Nutzholz oder seine Bodenschätze wie Uran, Gold und andere werden von der chinesischen Besatzungsmacht im klassischen Kolonialstil ausgebeutet und nach China ausgeführt. »Auf meiner Reise in Tibet habe ich weite Landstriche erblickt, auf denen nur noch Baumstümpfe daran erinnern, daß hier vorher reiche Wälder existiert haben«, stellt *Pema Gyalpo* fest und berichtet weiter, daß seine Delegation immer wieder mit Nutzholz beladene Lastwagenkolonnen auf dem Weg nach China antraf. Die Zeitschrift »Pogrom« der Gesellschaft für bedrohte Völker berichtet: »Der ökologische Schaden, den die Chinesen Tibet zufügten, kann heute vermutlich noch gar nicht richtig überschaut werden. Hatten die Rotgardisten zunächst aus ideologischen Motiven Tibets wilde und zahme Tiere auszurotten versucht, holzten die Chinesen später aus wirtschaftlichen Gründen rücksichtslos das waldreiche Südtibet ab und transportierten die Stämme ins chinesische Kernland. Die Fischfangflotte auf dem den Mongolen und Tibetern heiligen See Kuku Nor holte täglich 100 t Fisch aus den Gewässern. Für die Tibeter dagegen sind Fischfang und -genuß aus religiösen Gründen tabu. Doch den Gewinn, den diese Ausbeutung der tibetischen Natur erbrachte, steckten die Chinesen in die eigene Tasche. Auf den Tibetern dagegen lasteten bis 1976 das Reiseverbot, drückende Steuern, drastisch rationierte Lebensmittel und Alltagsgüter sowie ein kaum erträgliches Arbeitssoll.« Einem Bericht der *Süddeutschen Zeitung* zufolge werden in Tibet Uranschätze vermutet. »Die größten Uranvorräte der Welt lagern möglicherweise in einer der unwirtlichsten Regionen der Erde, im Himalaja-Gebiet. Diese Ansicht vertritt jedenfalls der Chef der tibetanischen kommunistischen Partei, Yin Fatang. Er vermutet unter der zerklüfteten und kaum zugänglichen Oberfläche seiner Heimat darüber hinaus reiche Bestände an Chrom, Borax, Lithium und Eisenerzen. Doch die mutmaßlichen Reichtümer unter ihren Füßen werden den etwa 1,8 Millionen Tibetern auf Jahre hinaus kaum Nutzen bringen. Die klimatischen und geographischen Verhältnisse der Himalaja-Region, der industrielle und technologische Standard Tibets und die Struktur seiner Bevölkerung machen einen Abbau der Bodenschätze zumindest mittelfristig unwahrscheinlich. ... Technologisch befindet sich Tibet noch am Beginn des Zeitalters der Dampfmaschine. ... Die Neustrukturierung der tibetanischen Wirtschaft verläuft mühselig und nicht ohne Rückschläge. Betrug die Getreideernte 1980 nach offiziellen Angaben noch 500 000 t, so waren es im vergangenen Jahr nur 485 000 t. Peking unterstützt seine ärmste Provinz mit umgerechnet über 750 Millionen DM im Jahr. Sollten Gesteinanalysen die vermuteten Bodenschätze bestätigen, dürfte diese Summe in den nächsten Jahren allerdings ansteigen.«

Der mißliche Wirtschaftszustand Tibets führt dazu, daß es in Tibet auch unter dem chinesisch-kommunistischen Regime Bettler gibt. »Ihre ›Geschäfte‹ gehen heute so gut, daß es unter den Jugendlichen, Müttern mit halbnackten Kindern und den Alten auch Han-Bettler gibt. Der erhobene Daumen (auf tibetisch ›bitte‹) wird so zum Symbol des neuen chinesischen Verständnisses für Tibet.«

Die neue »Religionsfreiheit«

Eine erfreuliche Wende in der neuen chinesischen Tibet-Politik ist die Duldung einer begrenzten Ausübung des religiösen Brauchtums. Die chinesische Führung hat jedoch diese Umkehr in ihrer Religionspolitik nicht aus Liebe zum Buddhismus in die Wege geleitet. Sie hat sie aus taktischen Gründen beschlossen, nämlich aus der kalkulierten Überlegung, daß es leichter sein könnte, die Tibeter unter Duldung ihrer unauslöschbaren Religiosität für sich zu gewinnen und Tibet sowohl wirtschaftlich wie auch politisch enger in die Volksrepublik einzugliedern, als im Kampf gegen die Religion.

Über die Grenzen, die der Religionsfreiheit in Tibet gesetzt sind, berichtet *Erhard Hürsch:* »Die Religionsfreiheit darf die Ordnung des Sozialismus und die Verbindung mit dem Gesamtstaat der Volksrepublik nicht gefährden, keine nationalistische Bewegung fördern, ... zu keinem Machtfaktor werden. Damit all dies nicht geschieht, sind alle religiösen Angelegenheiten einer Aufsicht unterstellt. Die Vereinigung der chinesischen Buddhisten, eine politisch-religiöse, vom Staat kontrollierte Organisation, überwacht die Klöster und Tempel: Sie entscheidet über den Wiederaufbau der Kultstätten, sie bestimmt die obere Grenze im Bestand der Mönche und die Zahl der Novizen, sie prüft die Einnahmen und deren Verwendung, sie beaufsichtigt Lehrtätigkeit und Erziehungsprogramm. Auch der ausländische Besucher der Tempel und Klöster kann es immer wieder erleben, daß in Fragen des Zutritts, der Öffnung geschlossener Räume und der Fotoerlaubnis ein han-chinesischer Funktionär auftritt und entscheidet. Nicht überwachbar, begrenzbar oder gar auslöschbar ist jedoch die Urfrömmigkeit der Tibeter, die auf einer angeborenen tiefen Ehrfurcht vor außer- und übermenschlichen Mächten beruht.«

Die tiefe Religiosität der Tibeter, die Faszination der religiösen Bräuche und die geheimnisvolle Ausstrahlung der Klöster und Tempel sind inzwischen von der für Tibet verantwortlichen chinesischen Führung als tourismusfördernde Zugkraft erkannt worden. Die religiöse Tradition, die sie vorher ausrotten wollte, wird plötzlich eine geschätzte Einnahmequelle. Dies erklärt auch das Motiv, aus dem die chinesische Verwaltung in Tibet sich bemüht, die wichtigen Kultstätten des tibetischen Buddhismus wiederaufzubauen und dafür sogar Geld zu investieren. Den Klöstern fehlt jedoch die wirtschaftliche Basis, um als lebendige Kultstätten existieren zu können. »Während ihnen früher 30 Prozent des Landes gehörten, müssen viele Mönche heute Arbeiten außerhalb der Klöster nachgehen, um ihren Unterhalt zu verdienen. So wächst trotz der ungebrochenen Religiosität die Zahl der Mönche nur langsam.«

Der *Dalai Lama* anerkennt zwar die liberalere Religionspolitik der chinesischen Führung, warnt hingegen klar: »Es gibt wieder Klöster mit Lehrtätigkeit und anderen religiösen Aktivitäten, doch ihre Mehrheit wird noch immer als Museum benützt.« Diese Feststellung wird auch durch die Beobachtungen von *Erhard Hürsch* bestätigt: »So erstehen diese Tempel und Klöster in neuem Glanz. Aber dieser Glanz hat wegen der außerreligiösen

Absichten einen musealen Nebenglanz – auch bei den von Mönchen bewohnten Stätten, die noch keine reinen Museen wie der Potala und die Sommerresidenz Norbulingka sind.«

Forcierter Tibet-Tourismus

Die chinesische Führung in Peking setzt in Tibet auf die Karte »Tourismus«, da sie dies als die beste Einnahmequelle Tibets für China erkannt hat. Mit den Attraktionen Landschaft, religiöse, kulturelle und folkloristische Tradition Tibets sowie mit einer erweiterten touristischen Infrastruktur hoffen die chinesischen Behörden, den Tibet-Tourismus zu einer eigentlichen devisenbringenden Industrie steigern zu können. Gemäß den Angaben von *Erhard Hürsch* erwarten die dafür zuständigen chinesischen Funktionäre in Tibet 20000 ausländische Besucher für das Jahr 1986, bereits 100000 für das Jahr 1990 und sogar 200000 für die Jahrtausendwende. Dabei stellt sich zunächst einmal die Frage, ob die touristische Infrastruktur in Tibet einem solchen Besucherandrang standhält. *Urs Müller*, der im Frühling 1986 Tibet besucht hat, meint, daß die Infrastruktur und besonders die Hotels einem derartigen Ansturm nicht gewachsen sind. »Doch der Hotelstandard und die Bauqualität der Neubauten von 1985/86 überzeugen nicht. Transportmittel sind kaum vorhanden, und der Straßenzustand ist mangelhaft.«

Die zweite, wichtigere Frage ist: Wem sollen die Deviseneinnahmen des Tibet-Tourismus zufließen – der chinesischen Staatskasse oder den Tibetern in Tibet? Die Öffnung für den Tourismus bringt nicht nur Besucher und Devisen, sondern sie baut vor allem die schützende Isolation ab und bringt die bekannten Nebenauswirkungen des Massentourismus mit sich. Dazu gehört insbesondere die Kommerzialisierung der buddhistischen Religion und deren Kultstätten. Ein Beispiel mag dies verdeutlichen: »Von Tsurpu aus fahren wir nach Drolma Klakhang. Das Kloster … liegt direkt an der Straße, die Lhasa mit dem Flughafen verbindet, und ist somit ein beliebtes Touristenziel. … Heute leben wieder acht Mönche in dem vergleichsweise kleinen Kloster. Im Gegensatz zu Tsurpu wirkt alles sehr kommerzialisiert. Wie ein routinierter Fremdenführer schleust uns einer der Mönche durch den wichtigsten Raum, verlangt für jede Photographie nahezu zehn Franken und ist offenbar froh, wenn er sein Programm abgespult hat.«

Die schlimmste und gefährlichste Folge eines solchen maßlosen Entwicklungsplanes bringt *Erhard Hürsch* in seinem Bericht über seinen Tibet-Besuch im Sommer 1986 zum Ausdruck: »Tibet gerät in Gefahr, zu einer ›Show‹ degradiert zu werden. Und dies sozusagen ›bei lebendigem Leib‹ – nicht als Skelett einer abgestorbenen Kultur mit verlassenen historischen Prachtbauten und einer nicht mehr gelebten Geschichte – sondern als gelebte religiös-philosophische Welt, von Menschen getragen und in kultischen Stätten dargestellt und zelebriert. Und so wird vielleicht einem übermäßigen Tourismus das gelingen, was den Roten Garden und der Eingliederungspolitik nicht gelungen ist – die Sonderwelt dieses Hochlandvolkes in ihrer Substanz ernsthaft zu schwächen und zu gefährden.«

Kolonisation und Rassendiskrimination

Die chinesische Führung bemüht sich in letzter Zeit um die tibetische Kultur. Dies wird auch von den Tibetern und ihrem Oberhaupt, dem Dalai Lama, anerkannt, aber es muß zugleich auf die im Gang befindliche Kolonisierung Tibets durch Han-Chinesen hingewiesen werden. In einem kürzlichen Interview äußerte sich der *Dalai Lama* zu diesem Thema: »Allgemein stelle ich eine Verbesserung des chinesischen Verständnisses für tibetische Kultur und den Buddhismus fest, doch die Chinesen verschleiern ihre massive Kolonisation Tibets!«

Gerade dieser in Tibet stattfindende *Sinisierungsprozeß* bereitet dem Dalai Lama und den Tibetern die größte Sorge, da dieser eine von der chinesischen Führung in Peking bewußt betriebene Assimilierungspolitik darstellt, die bereits in der von China besetzten sogenannten »Autonomen Region Mongolei« und in der »Autonomen Region Xinjiang« (ehemals Ostturkestan) erfolgreich vorexerziert worden ist. Schon die chinesische Nationalregierung unter Tschiang-kai-schek schuf »in Nanking eigens ein Amt für tibetische und mongolische Angelegenheiten, das unter anderem die Sinisierung beider Völker vorantreiben … sollte.«

In Xinjiang zählte beispielsweise die chinesischstämmige Bevölkerung zu Beginn der kommunistischen Herrschaft nur 200000 Menschen. Heute beträgt sie bei einer Gesamteinwohnerzahl von 12 Millionen bereits 7 Millionen, das heißt, mehr als die Hälfte der Bevölkerung sind Han-Chinesen. *Erkin Alptekin*, ein Flüchtling aus Ostturkestan, der als freischaffender Journalist in der Bundesrepublik lebt: »Die neuen chinesischen Machthaber befolgen die alte Politik der Mischehe. Besondere Vergünstigungen im Falle einer Mischehe werden versprochen, ein Institut mit dem Namen Chung Tang wurde eröffnet, das Mischehen propagiert. Die fortdauernde Besiedlung Ostturkestans ist weiterhin ein großes Problem. … Heute leben die türkischen Moslems in Ostturkestan in der ständigen Furcht, daß sie durch diese Flut der chinesischen Siedler ihre nationale Identität verlieren könnten.«

Seit 1860 drangen jährlich Hunderttausende chinesischer Siedler in mongolisches Stammesland vor und drängten die mongolischen Nomaden zunehmend aus ihren fruchtbaren Weidegründen in unfruchtbare Gebiete zurück. Um 1926 betrug ihre Anzahl etwa eine Million. Zwei Drittel des Gebietes der östlichen Inneren Mongolei waren 1930 bereits von Chinesen besiedelt. In der Inneren Mongolei sind die Chinesen heute mit 8,5 Millionen gegenüber 2,5 Millionen Mongolen in der Überzahl.

Auch Tibet droht das Schicksal Xinjiangs und der Inneren Mongolei. In zwei der drei großen Provinzen Tibets, namentlich in Amdo (Nordosttibet) und Kham (Osttibet), die von China direkt annektiert wurden und nicht zur sogenannten »Autonomen Region Tibet« der Volksrepublik China zählen, ist der Sinisierungsprozeß bereits weit vorangeschritten. »Seit Beginn der achtziger Jahre«, so bestätigt *Urs Müller* diese Entwicklung, »wandern vermehrt junge Han mit Förderung der Pekinger Zentralregierung im historischen Ost- und Nordosttibet ein, wodurch die Bevölkerungsstruktur sich stark verändert hat: Lebten früher in Nordosttibet (heute Provinz Qinghai) überwiegend Tibeter, so zählt die Bevölkerung heute rund 2,5 Millionen Han und nur 700000 Tibeter. Viele tibetische Ortsnamen werden ins Chinesische abgeändert. ... Die Sinisierung Qinghais wird durch reine Han-Städte vorangetrieben, wie es mit der schon kurz nach der chinesischen Invasion Tibets von 1959 gegründeten Stadt Golmud vorexerziert worden ist. Hier leben nur Han, Tibeter dürfen nicht in dieser Stadt Wohnsitz nehmen.«

Die Sinisierungspolitik der Chinesen »wird auch in Zentraltibet (offiziell: ›Autonome Region Tibet‹) trotz vordergründiger Liberalisierung energisch vorangetrieben. Peking begründet sein Vorgehen damit, daß es zu wenig Techniker und Intellektuelle in Tibet gäbe. Wenige Autostunden von Lhasa entfernt liegt beispielsweise die reine Han-Stadt Kongpo Nyingtri. Die Einwanderer finden hier für tibetische Verhältnisse gute klimatische Bedingungen, ein lukratives Gehalt und vor allem bezugsbereite, geräumige Wohnungen vor.« Allein in der »Autonomen Region Tibet«, die – wie schon erwähnt – nur West- und Zentraltibet umfaßt, leben heute 25000 chinesische Funktionäre, 130000 Zivilisten und 300000 Besatzungssoldaten. Das sind insgesamt 455000 Chinesen. Wenn man bedenkt, daß in dieser Region nach chinesischer Angabe rund 1,8 Millionen Tibeter leben, so ist jeder vierte Bewohner der »Autonomen Region Tibet« mithin Chinese. Einem Bericht der »Tibetan Review« zufolge sind in Tibet sogar eine halbe Million chinesische Soldaten stationiert. Das bedeutet, daß jeweils ein chinesischer Soldat zur Bewachung von 3 bis 4 Tibetern zur Verfügung steht. Wie groß die chinesische Kontrollmacht in Tibet ist, braucht demnach nicht näher erläutert zu werden.

Die überwiegende Mehrheit der Chinesen spricht kein Tibetisch. Beinahe alle offiziellen Mitteilungen werden auf Chinesisch veröffentlicht. Außer Werken über den Marxismus-Leninismus und von oder über Mao Tse-tung führen die Buchhandlungen in Lhasa praktisch keine Literatur auf Tibetisch. Ortsnamen und selbst Personennamen werden der chinesischen Schreibweise angepaßt. Tibetisch wird im allgemeinen nicht unterrichtet. Dort, wo es unterrichtet wird, gilt es als Nebenfach. Hingegen ist Chinesisch obligatorisch. Frau *Pema Gyalpo* beklagt in ihrem Bericht: »Was uns am meisten schmerzte, war nicht die schlechte Qualität der Ausbildung, sondern daß bei den wenigen vorhandenen Bildungsmöglichkeiten ... die tibetischen Kinder als Chinesen aufwachsen müssen.«

Auch ausländische Journalisten, die während der letzten sechs Jahre Tibet besucht haben, bestätigen in ihren Berichterstattungen den schleichenden Sinisierungsprozeß in Tibet: So schreibt *John Fraser* in seinem Buch »Die neuen Chinesen« (1980): »Aufschlußreicher – und sichtbarer – war das Ausmaß der klassischen Kolonialherrschaft, die die Chinesen in Tibet ausüben. Lhasa ist heute ein regionales Zentrum der chinesischen Militärkontrolle, und auf seine frühere Rolle als religiöse, kulturelle und politische Hauptstadt Tibets läßt kaum noch etwas schließen. Die Bevölkerungszahlen bedürfen keines Kommentars: Ehe die Chinesen kamen, hatten 60000 Tibeter in Lhasa gelebt; bis heute hat die tibetische Bevölkerung um 10000 Menschen abgenommen, ein Phänomen, das sicher nicht mit Geburtenrückgang zu erklären ist, während die zugezogene chinesische Bevölkerungsgruppe 70000 Menschen umfaßt. Dabei sind die Angehörigen der Volksbefreiungsarmee in Lhasa nicht berücksichtigt, deren Zahl zwischen 7000 und 25000 geschätzt wird.« *Fraser* gelangt dann zu dem Schluß: »Tibet ist fraglos das schlimmste Beispiel einer chinesischen Minderheitspolitik.«

Wie sieht heute die Bevölkerungsstruktur in Lhasa aus? *Erhard Hürsch* gibt folgende Zahlen an: »Die Hauptstadt Lhasa ist seit 1959 in ihrer Ausdehnung um das Zehnfache gewachsen. Und bewohnt wird Lhasa 1986 von etwa 150000 Menschen, zu einem Drittel Tibeter, zu zwei Dritteln Han-Chinesen: Soldaten, Parteikader, Verwaltungsfunktionäre, Arbeiter, Techniker und Händler.« Dies zeigt folgende Bevölkerungsstruktur und -entwicklung auf: Zwischen 1980 und 1986 ist der tibetische Bevölkerungsanteil gleich geblieben, nämlich 50000, während der chinesische Bevölkerungsanteil um 17500 zugenommen hat. Das sind rund 21 Prozent! *Urs Müller* stellt fest, daß das Stadtbild von Lhasa und Shigatse sich unter dem chinesischen Einfluß nicht nur architektonisch verändert habe. »Heute sind 60 bis 70 Prozent der Bevölkerung dieser Städte Han oder Hui-Muslime.« »Obwohl nach amtlichen Statistiken«, stellte Spiegel-Korrespondent *Terzani* 1980 fest, »46 Prozent der Führungskader im heutigen Tibet bereits Tibeter sind, stößt man doch überall auf den Chinesen, hier ›Han‹ genannt. Sogar Chinas neuer Parteichef, Hu Yaobang, mußte zugeben, »daß die Verwaltungsspitzen in Tibet den ... Han-Chinesen vorbehalten sind und daß es für Tibeter höchstens ein paar Posten auf den unteren Rängen gebe.«

Noch heute werden fortwährend Tibeter diskriminiert, wie dies aus Zeitungsberichten hervorgeht, die kürzlich erschienen sind. *Urs Müller* schreibt: »Alle entscheidenden Positionen in Verwaltung und Fabriken sind von Han besetzt. ... Die chinesischen Fabrikmanager ... ziehen zudem einen Han dem Tibeter vor. Nebst der Vetternwirtschaft macht China die Korruption zu schaffen. Tibet macht da keine Ausnahme. Für eine gute Stelle muß man ein Tonbandgerät oder gar einen Farbfernseher ›schenken‹. Da können die Tibeter mit ihren bescheidenen Einkommen nicht mehr Schritt halten. Die Chinesen arbeiten in leitenden Positionen oder erledigen nur leichte körperliche Arbeit.«

Erhard Hürsch hält fest: »Da die neue Infrastruktur und der weitere Ausbau viele Techniker, Experten und Funktionäre braucht, die Tibet von sich aus nicht stellen kann, und diese Posten demnach durch Han-Chinesen besetzt werden, bildet sich im Lauf der zunehmenden Entwicklung eine elitäre und durch Höhenzulagen für hanchinesisches Personal besser bezahlte und gestellte Schicht. Immer noch bleiben viele Posten, die ohne weiteres durch Tibeter versehen werden könnten, Han-Chinesen vorbehalten. Zum Beispiel die Posten von Chauffeuren, Postbeamten, Verkäufern in staatlichen Läden und Warenhäusern, von Angestellten in Hotels und Restaurants. Auf diese Weise bildet sich eine soziale Abstufung zwischen dem tibetischen und dem hanchinesischen Bevölkerungsteil, ein beruflicher und funktioneller Klassenunterschied.« Dieser berufliche wie funktionelle, aber ebenso sozioökonomische Klassenunterschied verstärkt zudem den nationalen Hochmut der Chinesen gegenüber den »barbarischen Völkern des Nordens« (d.h. Mongolen und Tibeter), den die meisten von ihnen nach wie vor in Tibet ausleben. Nach der Inspektionsreise von *Hu Yaobang* nach Tibet im Mai 1980 wurde Tibet zu einem Notstandsgebiet erklärt, und Peking leitete »eine Politik der Erholung« für Tibet ein und versprach zudem, rund zwei Drittel der Han-Chinesen aus Tibet abzuziehen. Doch die Gefahr einer chinesischen Überfremdung besteht dennoch weiter. Den Grund dafür nennt *Karl Kränzle:* »Was die Pekinger Führung bislang nicht eingelöst hat – und was sie vermutlich gar nicht einlösen kann –, das ist das Versprechen, das Kontingent von Han-Chinesen schrittweise zu reduzieren. Diese werden von der tibetischen Bevölkerung als Besatzer empfunden. Ihre Präsenz konnte bisher nicht oder nur geringfügig verringert werden, weil es mit der Integration Tibets in die Volksrepublik China nicht in dem Maß vorangeht, wie Peking sich das wünscht. Im Gegenteil – Aussagen von Tibetern, die in letzter Zeit Indien besuchen durften, scheinen zu bestätigen, »daß die Chinesen wieder 100000 chinesische Arbeiter nach Tibet zurückbeordert haben und daß eine Art religiöses Tauwetter während der Jahre 1978 bis 1980 wieder scharfen Gegenmaßnahmen Platz gemacht hat. Bilder des Dalai Lama werden wieder konfisziert und zerstört.«

Die ganze Problematik der Kolonisation sprengt nach Ansicht des Dalai Lama bei weitem den Rahmen einer Auseinandersetzung zwischen dem tibetischen und dem chinesischen Volk. Sie betrifft vielmehr den ganzen asiatischen Kontinent. Aufgrund dieser Überlegung regt der Dalai Lama als eine auch für China nützliche Lösung die Umwandlung Tibets in eine *entmilitarisierte Friedenszone* an.

Die Frage nach der Rückkehr des Dalai Lama

Erst nach dem Tod von Mao Tsetung am 9. September 1976 fand die chinesische Regierung unter der Führung Deng Xiaopings den Mut dazu, »Fehler« in ihrer bisherigen Tibet-Politik einzugestehen. Darauf kam es zu einer Kontaktaufnahme mit dem Dalai Lama, dem geistigen und politischen Führer des tibetischen Volkes. Anfang 1978 lud die chinesische Regierung den Dalai Lama zur Rückkehr nach Tibet ein, und zwar unter folgenden Bedingungen: 1. Tibet bleibt weiterhin Bestandteil der Volksrepublik China. 2. Die »sozialistische Linie« in Tibet darf nicht geändert werden. Der Dalai Lama antwortete hierauf mit einem Gegenvorschlag: eine Reihe von Exiltibetern solle Tibet bereisen und ihm über ihre Eindrücke berichten. Erst danach werde er entscheiden, ob weitere Gespräche über seine mögliche Rückkehr sinnvoll seien. Die chinesische Regierung ging auf seinen Vorschlag ein, und der Dalai Lama entsandte 1979 und 1980 drei exiltibetische Delegationen nach Tibet. Die Erfahrungen mit diesen drei ersten Delegationen bewogen die chinesische Regierung dazu, ihre Gangart in der Tibet-Politik zu drosseln. Anfang 1981 bat sie den Dalai Lama, mit der Entsendung weiterer Delegationen bis 1982 zu warten. Inzwischen haben zwei weitere Sonderdelegationen des Dalai Lama im Juni 1982 und von Oktober bis Dezember 1984 Tibet und Peking besucht. Sie haben »freie und offene Diskussionen mit den Verantwortlichen der Volksrepublik China« geführt. Eine fünfte exiltibetische Delegation, die im Frühling 1986 Tibet hätte besuchen sollen, mußte kurzfristig ihren Tibet-Besuch absagen, da sie die chinesische Auflage, als »Übersee-Chinesen« nach Tibet zu reisen, aus verständlichen Gründen nicht annehmen konnte.

1983 hatte der Dalai Lama im Laufe einer religiösen Unterweisung in Bodh Gaya, Indien, erklärt, daß er im Jahre 1985 Tibet zu besuchen hoffe, falls ihm die chinesische Regierung für einen solchen Besuch volle Rede- und Bewegungsfreiheit garantieren würde. Dieser Wunsch sowie die Entsendung der Delegationen nach Tibet zeigen, daß auch dem Dalai Lama und der tibetischen Exilregierung an der Fortsetzung der tibetisch-chinesischen Verhandlungen über eine mögliche Rückkehr des Dalai Lama wie auch über eine für beide Parteien annehmbare Lösung der Tibet-Frage gelegen ist. Allerdings ist dem Dalai Lama und der tibetischen Exilregierung unterdessen bewußt geworden, daß alle Forderungen an die chinesische Regierung nur so lange Aussicht auf Erfüllung haben, wie sie vom Ausland aus erhoben werden. Die chinesische Regierung hat zwar wiederholt zu erkennen gegeben, daß sie eine Rückkehr des Dalai Lama wünsche und daß er sogar ein ehrenwertes Amt in China bekleiden könnte. Weil Peking jedoch befürchten muß, daß es zu Unruhen käme, wenn der Dalai Lama nach Tibet zurückkehren würde, ist es unerwünscht, daß der Dalai Lama in Lhasa seinen Wohnsitz nimmt. Diese Auflage ist eine der fünf Bedingungen, welche die chinesische Regierung 1984 veröffentlicht hat: der Dalai Lama sei willkommen, nach China zurückzukehren und dort zu leben. Er dürfe sich allerdings nicht in Tibet niederlassen, sondern Tibet »von Zeit zu Zeit« besuchen. Er solle ferner die unwesentlichen Posten eines »Stellvertretenden Vorsitzenden des Ständigen Ausschusses des Nationalen Volkskongresses« und eines »Stellvertretenden Vorsitzenden der Politischen Konsultativkonferenz des Chinesischen Volkes« übernehmen. Was Chinas Einmarsch in Tibet 1950 und die blutige Niederwerfung des tibetischen Nationalaufstandes 1959 betrifft, so fand die chinesische Regierung eine klassisch chinesische Formel: »Es ist besser, die Vergangenheit zu vergessen!«

Es ist eine Zumutung, von den Tibetern zu verlangen, daß sie ein Vierteljahrhundert der Unterdrückung, Entrechtung, Glaubensverfolgung und Zwangsassimilierung, der gravierenden Menschenrechtsvergehen und der systematischen Kulturzerstörung sowie den unnatürlichen Tod von rund einer Million Landsleuten vergessen sollen. Es ist überdies eine Zumutung, von den Tibetern zu verlangen, daß ihr geistiges und politisches Oberhaupt in Peking anstatt in Lhasa, wo er eigentlich hingehört, zu leben hat. Mit Recht verweist *Pringle* darauf, daß eine eventuelle Annahme dieser Bedingungen durch den Dalai Lama lediglich auf einen Hausarrest in Peking hinauslaufen würde. Aus naheliegenden Gründen sind derartige Zugeständnisse sowohl für den Dalai Lama als auch für das tibetische Volk unannehmbar.

Auf die Frage eines möglichen Besuches in Tibet angesprochen, antwortete der Dalai Lama im Januar 1985: »Die Zeit für eine Entscheidung ist noch nicht reif. .. Nur schon die Tatsache, daß die Chinesen darauf bestehen, daß ich zurückkehre und in Peking wohne, zeigt, daß es in Tibet immer noch Probleme gibt ... Der Vorschlag, zurückzukehren, ist also im gegenwärtigen Augenblick nicht mehr relevant.«

Der Dalai Lama ist der festen Überzeugung, daß seine Gegenwart außerhalb Tibets für die Tibeter von großem Nutzen ist, solange die chinesische Führung keine befriedigende Lösung für Tibet und sein Volk anbietet. Der Dalai Lama verfolgt eine friedfertige und gemäßigte Politik, die auf Grundsätzen der Gewaltlosigkeit beruht, und strebt dadurch einen fruchtbaren, wechselseitig akzeptablen Dialog zwischen China und Tibet an. Aufgrund der bisherigen Reaktionen der chinesischen Führung mußte er allerdings im Mai 1986 folgendes feststellen: »Die Chinesen reden bei ihren Bedingungen nur von meiner Person, ich aber rede von meinem Volk. So reden wir aneinander vorbei.«

Die Wahrheit in den Tatsachen suchen

Unbestreitbar haben die Chinesen gewisse Fortschritte nach Tibet gebracht. Nur das tibetische Volk selbst sieht nicht viel davon. In den Fabriken sind mehrheitlich Chinesen beschäftigt, und die vielgerühmten Straßen dienen fast ausschließlich militärischen Zwecken. Öffentliche Verkehrsmittel für die tibetische Bevölkerung gibt es kaum. *Lobsang Samten* faßt das Ergebnis der Recherchen der ersten exiltibetischen Delegation wie folgt zusammen: »Die Chinesen zeigten uns wochenlang neue Straßen, Siedlungen, Dörfer und Fabriken. Aber immer, wenn wir nachfragten, mußten wir feststellen, daß davon ausschließlich die Chinesen und die von ihnen abhängigen tibetischen Kader profitierten. Die einfachen Menschen hatten nichts davon.« Frau *Pema Gyalpo*, Leiterin der dritten Delegation, berichtet: »Was ich in Tibet feststellte, war eine Tragödie der Armut und des Leidens. Ich glaube nicht, daß ich jemals in meinem Leben so viel und so oft geweint habe.« Und *John Fraser* hinterfragt die Fortschritte und folgert daraus: »Die Armee und die chinesischen Zivilisten leisteten erhebliche Aufbauarbeiten. Neue Straßen, neue Schulen, einige Fabriken und zahlreiche Verwaltungsgebäude haben das Gesicht Lhasas verändert und gelten als Symbol des besseren Lebensstandards der Tibeter. Wenn man freilich bedenkt, daß viele Großprojekte nur durch die neue chinesische Zivil- und Militärbevölkerung erforderlich wurden, beginnt man das Wesen des sozialistischen Kolonialismus zu verstehen. Außerdem haben die chinesischen Bewohner der Stadt einen meßbar besseren Lebensstandard als die tibetischen.«

Wirtschaftliche und infrastrukturelle Leistungen allein geben noch keine Herrschaftslegitimation. Auch die alten Kolonialmächte wie England haben in ihre Kolonien jahrelang investiert und diese Länder aus dem Mittelalter ins 19. Jahrhundert hineinkatapultiert. Dadurch konnten ihre Kolonien aber keineswegs in einen legitimen Besitzanspruch umgewandelt werden. Die »Wahrheit in den Tatsachen« bringt *Tiziano Terzani* treffend zum Ausdruck: »Wie andere Kolonialisten zeigen auch die Chinesen voller Stolz diese beachtlichen Leistungen, begreifen aber nicht, warum sie dennoch nicht geliebt werden.« Warum? Ein tibetischer Lehrer in Tibet antwortete ihm: »Weil sie uns mit unserer Seele dafür bezahlen ließen. Die Han bauten Straßen, zerstörten dafür aber unsere Tempel. Mit ihren Krankenhäusern retteten sie Menschen das Leben, mit ihren Gewehren aber töteten sie die Lamas. Wir Tibeter sind wie Hunde mit gebrochenen Gliedern.«

Mit Feuerwerk, Tanzvorstellungen und fröhlichen Umzügen sollte in der ersten Septemberwoche 1985 in Tibet groß gefeiert werden. Der Anlaß dazu war der 20. Jahrestag der Gründung der sogenannten »Autonomen Region Tibet« am 9. September 1965. Um ihre Glückwünsche an die Tibeter zu unterstreichen, schenkte ihnen die chinesische Führung 10000 Meter Seide, 405000 Päckchen Tee und 90000 Wekker, »auch wenn es immer noch unklar ist, wie diese Geschenke unter den 6 Millionen Tibetern verteilt werden sollen«. Bei näherer Betrachtung hatten die Tibeter hingegen keinen Grund zu feiern. »Die fröhlichen Festlichkeiten waren gestellt, wie im nachhinein bekannt wurde, und die Teilnahme an den Demonstrationen wurde zur Pflicht erklärt, Proteste wurden mit Strafe belegt.« Warum hat man die Tibeter dazu gezwungen, zu feiern? Und warum wollten sie nicht spontan mit den Chinesen feiern? Die Antwort darauf: »Laut Angaben aus Lhasa kommen auf 6 Millionen Tibeter etwa 2 Millionen Han-Chinesen – 300000 Militärs und 1,7 Millionen Zivilisten –, die die politische Kontrolle ausüben. Von wirklicher Autonomie kann daher keine Rede sein.«

Ein »Meer von Chinesen« droht Tibet zu überfluten

Vom vierzehnten Dalai Lama, dem geistigen und politischen Oberhaupt Tibets

Der Dalai Lama hat 1985 in einem Beitrag für die »New York Times« (deutsch in der »Appenzeller Zeitung«) kritisch und ausführlich Stellung genommen zu den jüngsten Entwicklungen in Tibet und zu den Problemen, denen sich das tibetische Volk gegenübersieht:

»Mehr als 30 Jahre sind verstrichen, seit China Tibet gewaltsam besetzt hat. Religion und Kultur sind nahezu vollständig zerstört worden. Das tibetische Volk mußte in dieser Zeit schlimme Verfolgungen und wirtschaftliche Nöte erleiden. Mindestens 1,2 Millionen Menschen starben als direkte Folge der Besetzung. Aber niemals, selbst in den schlimmsten Zeiten, gaben die Tibeter ihre ausgeprägte nationale Identität preis. Heute sehen sie sich deshalb einer weiteren Drohung ausgesetzt: unterzugehen und absorbiert zu werden in einem riesigen Meer chinesischer Siedler, die über unsere Grenzen strömen.

Anfangs dieses Jahrhunderts waren die Mandschus ein eigenständiges Volk mit eigener Kultur und Traditionen. Heute leben in der Mandschurei nur noch 2 bis 3 Millionen Mandschus unter 75 Millionen chinesischen Siedlern. In *Ostturkestan,* welches die Chinesen heute Xinjian nennen, ist die chinesische Bevölkerung von 200000 (1949) auf 7 Millionen angewachsen; sie umfaßt jetzt mehr als die Hälfte der gesamten Bevölkerung von 13 Millionen. Als Folge ihrer Kolonisierung sind die Chinesen heute in der Inneren Mongolei mit 8,5 Millionen (gegenüber 2,5 Millionen Mongolen) in der Überzahl.

Das Gebiet, in welchem ich geboren wurde, die *Kokonor-Region* im Nordosten Tibets, zählt heute gemäß einem chinesischen Zeitungsbericht 2,5 Millionen Chinesen neben nur 700000 Tibetern. Die Chinesen beteuern zwar, der sogenannten *Autonomen Region Tibet* – welche nur die westlichen und zentralen Teile Tibets umfaßt – spezielle Aufmerksamkeit und Unterstützung angedeihen zu lassen. Dabei schicken sie in großer Zahl junge chinesische Siedler in die östlichen und nordöstlichen Teile unseres Landes.

Fast aller *Reichtum Tibets* – besonders die unschätzbaren religiösen Statuen, Bilder und Ikonen, welche unsere Klöster und Tempel schmückten – wurde geplündert und nach China verfrachtet. Praktisch alle 2700 Klöster und 500 Tempel, von welchen wir Zeugnis hatten, wurden vernichtet. Zu unseren schwersten Verlusten gehören die unersetzlichen alten Texte in Sanskrit-, Pali- und tibetischer Sprache, welche von den Chinesen zerstört wurden.

Es ist unmöglich, den ungeheuren Verlust auch nur einigermaßen abzuschätzen, den das tibetische Volk durch die Chinesen erlitten hat. Trotzdem scheuen die Chinesen nicht davor zurück, sich der 2,7 Milliarden Dollar zu rühmen, welche sie während der letzten drei Jahrzehnte angeblich zur Entwicklung Tibets ausgegeben haben. Sie unterlassen jedoch zu erwähnen, daß diese Summe die gewaltigen Kosten einschließt, welche für die Stationierung von mindestens 250000 chinesischen Soldaten und 1,7 Millionen Zivilisten in unserem Land aufgewendet werden mußten. So oder so macht diese Summe nur einen Bruchteil dessen aus, was die Chinesen zerstört oder unserem Land entwendet hatten.

Nach allen geltenden Maßstäben der Moral, der Religion und der Gesetze gilt Diebstahl von Eigentum eines Individuums als strafbare Handlung. Systematischer Raub, der von einem Volk an einem andern begangen wird, kann deshalb nicht anders denn als *gigantisches Verbrechen* qualifiziert werden.

Ich bin erfreut über die geringfügige *Verbesserung der Verhältnisse in Tibet seit* 1979. Mehr Nahrungsmittel sind verfügbar, ein gewisser Grad an wirtschaftlicher Freiheit ist wieder eingeführt worden, und die Bewegungsmöglichkeiten der Leute sind etwas weniger eingeschränkt. Ich bin auch ermutigt durch die Feststellung, daß die chinesischen Führer heute etwas *offener und gemäßigter* sind als in der Vergangenheit. Ich hoffe, daß sie sich anstrengen, Tibets bedrängte Lage besser zu verstehen und eine Politik zu betreiben, die gleichermaßen pragmatisch und moralisch begründet ist.

Es genügt für Menschen indessen nicht, die notwendigen Bedürfnisse an Nahrung, Kleidung und Wohnung zu befriedigen. Tiere sind wahrscheinlich damit zufrieden, wenn man sie füttert, beherbergt und anständig behandelt. Doch in einer menschlichen Gesellschaft ist *Freiheit* ein grundlegendes Bedürfnis, ein unveräußerliches Recht, das niemals durch vorübergehende Verbesserungen im Bereich der Nahrungsmittelversorgung oder der wirtschaftlichen Verhältnisse ersetzt werden kann. Die Tibeter sind nicht gegen das chinesische Volk eingestellt. Wir verlangen nur, was uns *rechtmäßig zusteht.* Wir glauben, daß auch die Chinesen ein Anrecht auf Glück und Wohlergehen haben, jedoch nicht auf Kosten einer anderen Nation und eines anderen Volkes. China besitzt keinerlei Recht, über das Schicksal des tibetischen Volkes zu befinden.

Seit kurzem bekunden die Chinesen ein gewisses Interesse für die *tibetische Geschichte.* Das ist gut. Genauso wie die chinesische Geschichte aufgrund chinesischer Quellen ergründet werden muß, ist es unumgänglich, daß der tibetischen Geschichte tibetische Aufzeichnungen zugrunde gelegt werden. Nicht eine einzige tibetische Quelle belegt, daß Tibet je ein Teil von China gewesen ist.

Gewiß hat es Zeitabschnitte der Vergangenheit gegeben, in denen Mongolen und Mandschus (zwei auch über China herrschende Dynastien, Red.) einen gewissen *Einfluß* auf Tibet ausübten. Aber wo gibt es denn eine Nation auf der Welt, die niemals dem Einfluß äußerer Mächte – sei es militärischer, politischer, kultureller oder religiöser Natur – unterworfen war? Stärkere Mächte haben zu allen Zeiten, auch heute noch, ihren Einfluß in aggressiver Art ausgeübt, um *Souveränitätsansprüche* gegenüber schwächeren Nationen durchzusetzen. Aber solche Ansprüche haben keine Begründung, und solche Aktionen können keine Souveränität vermitteln.

Nach meiner Ansicht geht das Tibet-Problem nicht nur die 6 Millionen Tibeter allein an. Wegen Tibets jahrhundertealten Bindungen zu seinen Nachbarn und wegen seiner *strategischen Bedeutung* hat alles, was auf dem Dach der Welt geschieht, direkte Auswirkungen auf die Region und auf die übrige Welt. Die Zukunft Tibets kann deshalb nicht nur von den Chinesen allein gestaltet werden.

Die Geschichte der Menschheit lehrt, daß Lösungen, die auf Willkür und Gewalt beruhen, vorübergehender Natur waren. Eine echte und dauernde Lösung kann es nur geben, wenn sie den *grundlegenden Bedürfnissen* des betroffenen Volkes gerecht wird. In letzter Konsequenz sollte es deshalb dem betroffenen Volk, das heißt in unserem Fall den *Tibetern,* überlassen bleiben, ihr Schicksal selbst zu bestimmen. Ich habe immer daran geglaubt, daß eine Sache, die wirklich gerecht ist, letztendlich triumphieren wird.«

Epilog

»Ein Volk, das den Freiheitskampf aufgibt, gibt sich selbst auf!« *Ota Sik*

Die chinesische Propaganda und deren ausländische Verteidiger stellten das alte Tibet als eine »Hölle auf Erden« dar und sahen im neuen Tibet ein »sozialistisches Paradies«. Schon nach der Niederschlagung des tibetischen Nationalaufstandes im März 1959 verbreitete China unter dem Versuch, sein Gesicht zu wahren, die eklatante Unwahrheit, daß der nationale tibetische Aufstand die Rebellion »einer Handvoll Sklavenhalter« gewesen sei, daß der Dalai Lama von einigen reaktionären Rebellen entführt worden sei und daß die tibetischen Flüchtlinge von Indien »genötigt« worden seien. Die offenkundige Unwahrheit dieser Behauptungen und Beschuldigungen ist inzwischen der Welt bewiesen worden. Die bekannte Schriftstellerin und China-Apologetin Han Suyin sagte in einem Interview: »626 Personen gehörten 90 Prozent des Landes und die gesamte Macht.« Warum sind dann nach der sogenannten »friedlichen Befreiung« über 100 000 Tibeter aus Tibet geflüchtet? Haben sie nicht gerade wegen der politischen Unterdrückung und der Glaubensverfolgung durch ihre chinesischen »Befreier« ihre Heimat verlassen müssen? Wenn die Lebensbedingungen in Tibet in Ordnung wären und das tibetische Volk von »Fesseln der Sklaverei« befreit worden wäre, wie dies die chinesische Propaganda behauptete, würde kein Tibeter von klarer Vernunft seine vertraute Heimat gegen die unbekannte Fremde eintauschen. Doch immer wieder verlassen Tibeter ihre Heimat.

Gewiß, das alte Tibet entsprach weder dem Idealbild einer sozialistischen Staats- und Gesellschaftsordnung noch den Grundsätzen eines demokratischen Rechtsstaates. Die alte Staats- und Gesellschaftsordnung Tibets waren streng hierarchisch nach feudalistisch-theokratischen Prinzipien gegliedert, und eine Minderheit von Adeligen und Angehörigen des Klerus herrschte über das tibetische Volk. Es gab Untertanen, aber keine »Sklaverei«, wie dies von den Chinesen immer wieder behauptet wurde und noch wird. Daß in Tibet Reformen dringend notwendig waren, ist sowohl dem Dalai Lama als auch der tibetischen Regierung bewußt gewesen. Es stellt sich in diesem Zusammenhang die Frage, mit welchen Opfern an Menschenleben, Grundrechten und Freiheit die Chinesen gewisse Änderungen in Tibet durchgesetzt haben. Muß ein Volk politisch entmündigt und unterjocht werden, um es aus seiner sozialen und technologischen Rückständigkeit herauszuholen? Wären die Tibeter nicht imstande gewesen, die erforderlichen Reformen selbst durchzuführen? Wie die jüngste Geschichte Tibets belegt, hatten ja sowohl der dreizehnte als auch der vierzehnte Dalai Lama mit der Modernisierung Tibets begonnen. Der vierzehnte Dalai Lama setzte sogar eine Reformkommission ein und beauftragte sie, notwendige Reformvorschläge auszuarbeiten. Doch China hat den historisch notwendigen organischen Entwicklungsprozeß durch eigenmächtigen Eingriff und aus machtpolitischen Überlegungen vergewaltigt. Rechtfertigt zudem der technologische und sozioökonomische Fortschritt die systematische Zerstörung einer uralten Hochkultur und die Unterdrückung einer bedeutenden Religion eines freien und friedlichen Volkes?

Auch als Kritiker der chinesischen Tibet-Politik muß man zugeben, daß die chinesische Führung seit ein paar Jahren Anstrengungen unternimmt, um die materiellen Lebensbedingungen der Tibeter zu verbessern, den Analphabetismus zu beseitigen und einer stärkeren religiösen Toleranz Nachachtung zu verschaffen. Das Tibet-Problem beschränkt sich jedoch nicht bloß auf wirtschaftliche, kulturelle und religiöse Fragen, sondern es beinhaltet die nationale Eigenständigkeit und Selbstbestimmung und nicht zuletzt die nationale Identität eines Volkes. Die wirtschaftliche Lage Tibets hat sich seit der Einführung der chinesischen Reformpolitik gewiß gebessert. Das Versprechen der chinesischen

Regierung, daß Tibetisch als erste Sprache in den Schulen unterrichtet werden solle, ist indes noch immer nicht eingelöst. Die viel propagierte Religionsfreiheit bleibt außerdem eine vordergründige Sache. Die wenigen restaurierten Klöster und Tempel sind lediglich Museen. Die tatsächliche Duldung der Religionsausübung beschränkt sich auf Oberflächlichkeiten. Vor allem muß auf den in Gang befindlichen Sinisierungsprozeß in Tibet verwiesen werden.

Die Forderungen des tibetischen Volkes an die chinesische Regierung: Die Tibeter wollen keine Autonomie, wie echt sie auch sein möge, sondern die *volle Unabhängigkeit* ihres Landes und das Recht auf Selbstbestimmung in Angelegenheiten ihres eigenen Schicksals. Die Tibeter verlangen ferner die Respektierung der fundamentalen Menschenrechte sowie ihres besonderen kulturellen und religiösen Lebens. Sie fordern außerdem die Freilassung aller politischen Gefangenen und den Abzug aller Chinesen aus Tibet. Sie wollen überdies den Wiederaufbau aller zerstörten kulturellen Institutionen und historischen Denkmäler. Nicht zuletzt verlangen sie, Tibet zu einer entmilitarisierten Friedenszone zu machen. Sie wollen dagegen *nicht* die alte Gesellschaftsstruktur und Staatsform verteidigen oder sie sogar wiedereinführen, wie dies von den Chinesen den Tibetern immer wieder unterstellt wird. Ihr Kampf um diese legitimen Forderungen beruht im Einklang mit ihrem buddhistischen Glauben auf Gewaltlosigkeit, wie dies auch vom Dalai Lama, ihrem geistigen und politischen Oberhaupt, zum Ausdruck gebracht wird. »So war ich von Anbeginn an strikt dagegen, unsere Freiheit mit Hilfe der Waffen wiederzuerlangen.«

Im tibetischen Volk lebt der Wille, aus eigener Verantwortung heraus und nach eigenen Wünschen sein eigenes Land zu gestalten, das von jeglichen Bedingungen und Bevormundungen einer fremden Kolonialherrschaft unabhängig ist. Und solange das tibetische Volk mit Entschlossenheit und vereinter Kraft nach diesem Ziel strebt und vor allem die Hoffnung nicht aufgibt, ist Tibet nicht verloren.

Wir leben heute im 20. Jahrhundert, im Zeitalter der Entkolonialisierung und der nationalen Unabhängigkeit und Selbstbestimmung. In Tibet hingegen fahren die Chinesen ironischerweise fort, all diese Werte zu verhöhnen, wofür der Geist unserer Zeit angeblich einsteht. Und während wir Tibeter, die Unterdrückten und Entrechteten, wie eine Quantité négligeable in der internationalen Politik behandelt werden, wird der Unterdrücker euphorisch gefeiert. Unsere Welt sehnt sich nach Frieden, aber es wird keinen Frieden geben, solange die Rechte der Schwachen als Tribut geopfert werden, um die Gier der totalitären Mächte zu befriedigen. Politisch gesehen leben wir Tibeter in keiner guten Zeit, und noch wird keiner von uns eine gute Zeit erleben. Wir leben in einer Zeit der Ungewißheit und der bitteren Enttäuschungen. Aber es ist die Bewährungsprobe unseres Volkscharakters, ob wir diese Zeit ertragen können und dabei ungebrochen bleiben. Falls Tibet als Teil der Welt und wir Tibeter als Teil der Völkergemeinschaft betrachtet werden, kann die Weltöffentlichkeit die Unterdrückung und die Mißachtung der fundamentalen Menschenrechte in Tibet nicht länger ignorieren. Tibet darf nicht zu einem veralteten geographischen Begriff werden, sondern muß auch eine lebende politische Einheit darstellen. Es ist die moralische Pflicht eines jeden Menschen, den Ungerechtigkeiten und Unterdrückungen die Stirn zu bieten. Falls Gerechtigkeit, Wahrheit und Freiheit noch gültige Werte sind, darf die Stimme des tibetischen Volkes nicht ungehört verhallen.

Seine Heiligkeit der Dalai Lama schreibt im Vorwort seines Buches »Mein Land und mein Volk«: »Doch muß ich hinzufügen, daß wir Tibeter noch immer keinen Haß gegen das große chinesische Volk fühlen, obwohl seine Vertreter in Tibet uns so barbarisch behandelt haben. Wir wünschen nichts anderes, als in Frieden und Freundschaft mit all unseren Nachbarn – auch den Chinesen – unser eigenes Leben zu führen. Und so wenden wir uns denn an jene Menschen in aller Welt, für die Toleranz und Güte noch gültige Werte sind.«